SOCRATES

Tujie Tianxia
Mingren Congshu

图解天下名人丛书　　本书编写组◎编

U0722247

苏格拉底

世界图书出版公司
广州·北京·上海·西安

图书在版编目（CIP）数据

苏格拉底/《图解天下名人丛书》编委会编．–广州：
广东世界图书出版公司，2009.11（2024.2 重印）
（图解天下名人丛书）
ISBN 978 – 7 – 5100 – 1283 – 9

Ⅰ．苏… Ⅱ．图… Ⅲ．苏格拉底（前 469 ~ 前 399）–传
记 – 画册 Ⅳ. B502. 231 – 64

中国版本图书馆 CIP 数据核字（2009）第 191228 号

书　　名	苏格拉底
	SU GE LA DI
编　　者	《图解天下名人丛书》编委会
责任编辑	康琬娟
装帧设计	三棵树设计工作组
出版发行	世界图书出版有限公司　世界图书出版广东有限公司
地　　址	广州市海珠区新港西路大江冲 25 号
邮　　编	510300
电　　话	020-84452179
网　　址	http://www.gdst.com.cn
邮　　箱	wpc_gdst@163.com
经　　销	新华书店
印　　刷	唐山富达印务有限公司
开　　本	787mm×1092mm　1/16
印　　张	12
字　　数	160 千字
版　　次	2009 年 11 月第 1 版 2024 年 2 月第 9 次印刷
国际书号	ISBN　978-7-5100-1283-9
定　　价	59.80 元

前　言

　　苏格拉底是古希腊时期最著名的哲学家之一，他和他的学生柏拉图以及柏拉图的学生亚里士多德被称成为"希腊三贤"。同时，苏格拉底也被后人认为是西方哲学的奠基人。

　　苏格拉底出生于雅典的一个普通公民家庭，传说他早年曾继承父业从事雕刻工作，后来才开始研究哲学。苏格拉底经常在雅典的大街上向人们提出一些问题，比如什么是虔诚？他在雅典和当时的许多智者辩论哲学问题，主要是关于伦理道德以及教育政治方面的问题。他被认为是雅典当时最有智慧的人。作为雅典公民，苏格拉底曾经三次参军作战，并且在战争中表现得十分果敢坚强。但在雅典恢复奴隶主民主政治制度后，年过七旬的苏格拉底被控诉，最后被以藐视传统宗教、引进新神、败坏青年和反对民主等罪判处死刑。他拒绝了朋友和学生要他乞求赦免和外出逃亡的建议，喝下毒酒自尽而死。因此，在欧洲的文化史上，苏格拉底一直被看做是为追求真理而死的圣人。

　　苏格拉底以传授知识为生，他崇尚简朴的生活，提倡节制。无论严寒酷暑，他都只穿一件普通的单衣，经常不穿鞋子。

　　苏格拉底虽然没有留下任何的著作，但是他对后世的影响却是巨大的。哲学家和史学家往往把他作为古希腊哲学发展史的分水岭，将他之前的哲学称为前苏格拉底哲学。做为一个伟大的哲学家，苏格拉底对后世的西方哲学产生了极大的影响。

　　苏格拉底的哲学思想主要体现在"心灵的转向"、"灵魂不灭说"、"寻求事物的普遍定义"、"助产术和揭露矛盾的辩证法"的这几个方面。

　　"心灵的转向"是说在苏格拉底以前，虽然有智者已经从研究自然转变到对社会伦理和人的研究，但是他们只停留在感性的阶段，而苏格拉底则是从根本上将哲学对自然的研究转向自我的研究，他将人从自然中区分出来，成为单独的实体。

"灵魂不灭论"是苏格拉底哲学思想中非常重要的一个内容。苏氏认为灵魂是与物质有本质不同的精神实体。在他看来，事物的产生与灭亡，不过是某种东西的聚合和分散。他将精神和物质这样明确对立起来，成为西方哲学史上唯心主义哲学的奠基人。

　　而"寻找事物的普遍定义"是指苏格拉底开始在伦理问题上求得普遍真理，为事物寻求定义。他反对智者们的相对主义，认为"意见"可以有各种各样，但"真理"却只能有一个；"意见"可以随各人以及其他条件而变化，"真理"却是永恒的，不变的。苏氏还认为一切事物的最终原因是"善"，这为以后的唯心主义哲学开辟了道路。

　　苏格拉底认为一切知识，都是从艰难中得来的。苏格拉底承认他自己本来没有知识，而他又要教授别人知识。他是这样解决这个矛盾的：这些知识并不是由他灌输给人的，而是人们原来已经具有的；人们已在心上怀了"胎"，不过自己还不知道，苏格拉底像一个"助产婆"，帮助别人产生知识。这就是苏氏提到的"助产术"。苏格拉底的助产术集中表现在，他经常采用的"诘问式"的形式中，以提问的方式揭露对方提出的各种命题、学说中的矛盾，以动摇对方论证的基础，指明对方的无知；在诘问中，苏格拉底自己并不给予正面的、积极的回答，因为他承认自己无知。这种方式一般被称为"苏格拉底的讽刺"。苏格拉底的这种方法，在西方哲学史上，是最早的辩证法的形式。

目录

苏格拉底

Sugedi

目录

苏格拉底

Sugelun

目录

苏格拉底的思想

苏格拉底

不朽的哲人

　　对哲学家来说,死是最后的自我实现,是求之不得的事情,因为它打开了通向真正知识的大门。灵魂从肉体的羁绊中解脱出来,终于实现了光明的天国的视觉境界。

——苏格拉底

苏格拉底
Sugeladi

弃生向死

苏格拉底是著名的古希腊哲学家，他和他的学生柏拉图及柏拉图的学生亚里士多德被并称为"希腊三贤"。 公元前399年，苏格拉底被雅典政府宣布判处死刑，理由是他不敬重神灵、引进新神和毒害青年。 随后苏格拉底服毒自杀，享年71岁。 苏格拉底是历史上第一位被判处死刑的大哲学家。 但苏格拉底被宣判死刑后，执刑的日期被整整延期了1个月，而对苏格拉底来说这无疑是幸运的，因为他有足够的时间逃亡。 他的至交好友克里同曾一再劝他远走他乡，但是苏格拉底并不为之所动，毅然决然地接受了法律对他的审判，坦然面对死神。

克里同和苏格拉底同一年出生，是同一区及同一族的人，他们是多年的老朋友，克里同的儿子是苏格拉底的弟子，克里同本人有时也去广场听苏格拉底讲学。 在苏格拉底深陷牢狱时，克里同曾多次力劝苏格拉底逃亡，并且为他做了周详的逃亡计划，但是苏格拉底没有接受克里同的逃亡计划。

黎明破晓十分，在狱中的苏格拉底刚刚醒来就看到好友克里同坐在他身旁，他还不知道克里同这么早来监牢探视他的原因。 克里同还带来一个消息，这个消息对苏格拉底的朋友或者弟子来说都是难以接受的沉重打击。

究竟是什么消息呢？ 这是有关苏格拉底命运的重大消息：

前往提洛岛祭祀的船，当天就要回来了。

雅典人每年都用船装满贡物，去祭祀提洛岛上的太阳神阿波罗。而在苏格拉底被判决死刑后，正值雅典的德利阿节，庆祝这个节日的仪式是雅典派遣代表团乘船到提洛岛去向阿波罗神献祭，相传阿波罗神出生在那里。这一习俗起源于有关忒修斯誓言的传说：从前，载着忒修斯和少男少女的船，在驶向库拉岛的途中遇难，于是他起誓：要是有人把他们救起来，他们每年都将把

提洛岛

祭品献给阿波罗神。后来他们果真就得救了，这个风俗也就被沿袭了下来，一直到苏格拉底生活的时代，雅典人仍慎重地纪念这件事，所以从这艘船出港至归航期间，都不准执行死刑。

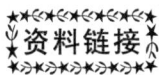

★★★★★★★★★★★★
资料链接
★★★★★★★★★★★★

忒修斯

忒修斯是传说中的古雅典国王。他的父亲是雅典国王埃勾斯，他是波塞冬的儿子，忒修斯的母亲是特隆泽的公主埃特拉。当忒修斯出生没多久，埃勾斯就将他交给埃特拉，返回雅典去了。临行前，埃勾斯将剑和凉鞋埋在一块巨石之下，并告诉埃特拉说：一旦忒修斯长大能搬动石头，就让他拿出埋藏在石头下的礼物，然后让他来雅典找自己。当忒修斯16岁时，他就已经力大无比，且智慧超群，但是性情却很急躁。当他从巨石下拿出宝剑时，就兴奋得去雅典寻找自己的父亲

苏格拉底

忒修斯

去了。但去雅典的路上惊险不断，忒修斯遇到了各种怪物猛兽，并最终都将它们铲除了，安全抵达了埃勾斯所在的雅典的王宫。但他却没有预料到王宫里竟隐藏着杀害他的阴谋。

国王埃勾斯娶了一个蛇蝎美人美狄亚。美狄亚一心想让自己的孩子继承雅典国王的王位。她已说服国王让他毒死来宴会上的陌生人忒修斯。但在宴会上，埃勾斯看到了忒修斯的剑，立刻认出忒修斯是自己的儿子。他推开了毒酒，拥抱了忒修斯，并宣布他为自己的王位继承人。美狄亚因为自己的歹毒计划被识破而慌张不已，她驾上龙车逃出雅典城，从此再也没有回来。忒修斯在雅典与父亲住了一段时间，当克里特的公牛跑到马拉松地区时，忒修斯单枪匹马前去向那只猛兽挑战，最终将它作为祭品献给了众神。

那段时间，雅典城一直为自己曾许诺向克里特国王弥诺斯进贡一事而困扰不安。克里特人曾进攻雅典，众神命令雅典人满足克里特所提的条件，也就是每年雅典都要向克里特国王进贡 7 对童男童女来喂养半人半牛的怪物。为了杀死怪物，忒修斯决定作为被选送牺牲品中的一员前往克里特。临行前，他向父亲保证，一旦成功，他将把船上的黑帆换成白帆。后来，在克里特公主阿里阿德涅的帮助下，忒修斯杀死了半人半牛的怪物并带着公主一同返回。船队在纳克松斯过夜时，他得到了狄俄尼索斯的托梦，让他把阿里阿德涅留下，于是他把阿里阿德涅留在了纳克松斯。但是当他的船驶近雅典时，他忘记和父亲的约定，没有将表示胜利的白帆换上。埃勾斯站在山顶上看到远处的黑帆时，他就绝望地跳海自尽了，从此这片海就叫做爱琴海，即埃勾斯的海。忒修斯懊悔万分，在以后的人生中，他再也没有从对父亲死的自责中解脱出来。

　　忒修斯当上了雅典国王，他励精图治，极大改善了雅典人民的生活，为了使国家不再受亚马孙族女战士的威胁，他带队远征这个女人国，并俘虏了这个国家的王后。这个王后名叫安提诺波，她爱上了忒修斯并答应嫁给他。后来，亚马孙族人借口要夺回王后派兵攻打雅典。在战斗中，提诺波被乱箭射死，这让忒修斯悲伤不已。

　　忒修斯与拉皮塞国王皮瑞塞斯戏剧性地建立了友谊。当时皮瑞塞斯入侵安提卡，忒修斯带兵出城迎战。在战场上，两个人互相欣赏，以至于在最后都放下了武器，成为知己。皮瑞塞斯结婚时，忒修斯和赫拉克勒斯都受到了邀请，但是新娘的美貌却引起了在场的许多骑兵的不轨意图，他们决定把她抢过来。这让忒修斯和赫拉克勒斯怒不可遏。在这场战争中，他们痛击了骑兵并夺回了新娘，但是新娘却很快地过世了。

　　后来，忒修斯和皮瑞塞斯都想娶一位淑女，因此，他们将宙斯的女儿海伦抢了过来，但她还没有到婚嫁年龄，于是忒修斯让母亲照看她。后来，海伦被她的兄弟卡斯托耳和波吕刻斯救了出来。忒修斯和皮瑞塞斯又决定去进攻冥界，把冥王哈底斯的妻子珀耳塞福涅抢来。因为皮瑞塞斯爱上了她的美貌。哈底斯假意设宴欢迎他们，等他们一坐下就派出毒蛇紧紧缠住了两人的脚，也有人说他们的腿被地面长出的石头固定住了。皮瑞塞斯被绑在了一个旋转的车轮上了，而忒修斯则被拴在了石头上。直到后来，另一位英雄赫拉克勒斯做第十二项任务来到冥府，才解救了被困的忒修斯，但是当他试图释放皮瑞塞斯时，大地却震动起来。于是皮瑞塞斯被永远留在了冥府。据说雅典人的大腿较细，就是因为忒修斯被解救时腿被夹住扯下了一些皮肉所至。

　　当忒修斯回到雅典时，他已经很老了。作为雅典国王，他独断专行，最后被人民赶下了台，还被流放到塞库鲁斯岛。在那里，他失足从悬崖上掉进了海里。从那以后，忒修斯便没了消息。几百年后，特洛伊战争爆发。雅典人看到一个身材高大的士兵带领他们勇敢地反击着入侵的波斯人，他们认出他就是忒修斯。战争结束后，雅典人为纪念他建造了寺庙，并进行祭祀。

　　起初，每年献祭的是七对童男童女，受祭的是人身牛头的怪物。　后来，忒修斯杀死了这一怪物，于是免除了献祭童男童女这一残酷的陋习。　为了纪念忒修斯，献祭照常。　德利阿节的时间是雅典的11月份。　按照雅典的法律规定，判死刑是在当天日落后执行，苏格拉底也不例外。　不过在判处苏格拉底死罪的前一天，驶向提洛岛献祭的船舶已举行了装饰船尾的仪式，以此表示献祭的时刻已经开始。　由此时起到船从提洛岛返回雅典抵岸为止，在城中要保持绝对的洁净，不能在这一期间执行死刑。由于这个缘故，使得苏格拉底的死刑得以推后。　这样，苏格拉底在狱中关了1个月左右。　有时，这艘船会因遇到暴风雨延后返回，而克里同听说这艘船今天将从提洛岛回来。　如果消息属实，对苏格拉底来说，他只能再活一天，第二天就将被处死刑了。

克里同给了狱卒一些钱，就踏入了苏格拉底的牢房，并告诉他去祭奠阿波罗神的船只即将回来的消息，但是苏格拉底听到这个消息后，并没有意外，因为他刚刚做了一个梦，梦中有一位美丽的女子对他说："苏格拉底啊！你将在第三天，前往天堂般丰饶幸福的弗塔雅。""弗塔雅"出自荷马史诗《伊利亚特》，原意表示回归故乡，这里是比喻人生归宿。

★❖❖❖资料链接❖❖❖★

《伊利亚特》

《伊利亚特》是古希腊盲诗人荷马的叙事诗史诗。《伊利亚特》被后人分为24卷。《伊利亚特》叙述了特洛伊战争第十年（也是最后一年）中一段时间的活动。　史诗以阿喀琉斯和阿伽门农的争吵开始，以赫克托耳的葬礼结束，故事的背景和结局都没有进行直接叙述。

史诗写道，特洛伊战争已经打了9年零10个月，还是胜负难分，这时希腊联军因瘟疫发生内讧。　瘟疫是联军统帅阿伽门农拒绝归还一个女俘所引起的，因为这个女俘是日神阿波罗的祭司的女儿，阿波罗的祭司请求阿伽门农归还他的女儿遭到拒绝，就祈求阿波罗惩罚希腊联军。这场瘟疫蔓延下去将会使希腊联军惨败。因此，阿喀琉斯要求阿伽门农把这个女俘归还，免得瘟疫继续蔓延。阿伽门农很不情愿的归还了这个女俘，却不公正地夺走了原来分配给阿喀琉斯的另一个女俘，作为他自己损失的补偿，阿喀琉斯在愤怒之下拒绝参战。

特洛伊战争遗址

在希腊联军中，只有阿喀琉斯才是赫克托耳的对手，因此阿喀琉斯拒绝参战必然引起希腊联军在战争中的失利。希腊联军连年失利，只好退而固守海滨的战船，在那里构筑了防守性的壁垒。阿伽门农这时后悔自己对阿喀琉斯不公，只好派奥德修和另一位希腊将领去向他求和。可是阿客琉斯余怒未消，拒绝参战。后来，阿喀琉斯在特洛伊军队已经突破希腊联军的壁垒纵火焚烧他们的战船的十分紧急的情况下，将他的盔甲和战马借给他的好友帕特洛克罗斯，让帕特洛克罗斯前去应敌。帕特洛克罗斯虽然击退了特洛伊军队的攻击，但还是被赫克托耳所杀，而阿喀琉斯借给他的盔甲也丢掉了，这盔甲原是他的母亲忒提斯女神请匠神制造的。好友之死与盔甲被丢引起阿喀琉斯的第二次愤怒，这促使他与阿伽门农和解，并且在他母亲请匠神给他制造

苏格拉底
Sugeladi

了一副新盔甲之后，重新回到战争，最后杀死了赫克托耳，取得了决定性的胜利。

克里同听完苏格拉底所描述的梦境后，说到："这个梦真是神奇啊！但是，我最尊敬的苏格拉底啊，请你听我说，现在逃走还来得及！如果你真的死了，我不但失去一位良友，更会蒙上不白之冤。不了解我和你的人，会以为我将金钱看得比朋友重要，不愿意花钱救你出来。而最让我觉得可耻的事情就是重财轻义。世上的人也一定不会相信我曾经尽力劝你逃亡，而你却拒绝了我。"

苏格拉底听了克里同的话后说道："我最亲爱的朋友克里同，我们何必担心一些人的看法呢？我们只要尊重贤者的意见好了。"

克里同又说："你说得不错，但是大众的看法、社会的舆论，还是无法忽略的。如今你被判决，就是最好的例证，这足以证明，任何被众人诋毁的人，都会蒙受极大的冤屈甚至会丢失性命。"

苏格拉底听了克里同的这一番话后，却不以为意，他说："克里同，我却十分愿意看到众人的力量造成的大患，因为他们若能制造出大患，必然也有能力做大善事，难道这不是很好的事情吗？可是实际情况并不是这样，他们既不能使人成为贤者，也不能使人成为愚人，他们所做的事大多是偶然所造成的。"

克里同虽然无法反驳这个论点，但仍继续对苏格拉底说："你不要担心我和其他的朋友，为了能让你逃走，我们已经做好了充分的准备。虽然到时我们会被告发，但最多是损失一些钱而已。为了救你，我宁愿付出一切，请接受我的请求吧，逃走吧！"

苏格拉底确实担忧过自己逃亡后朋友的安危，但他想到的不仅仅是这些，他认为自己应该依照公理、正义而行，不能被舆论所左右。

克里同丝毫不放弃说服苏格拉底的机会，他继续说道："其实，你大可不必担心我们。买通那些狱卒的费用并不是很高，告发你的人想要的钱也不是很多，不需要花很多钱，就能满足他们。只要能救你出去，花多少钱我都愿意，请相信我的能力。如果你不想我破财，常来看你的那些外国朋友，也都愿意解囊相助。塞凡的希米亚斯为了帮助你，已经准备了一大笔钱；还有柯美斯等人，也都已准备了许多钱。所以，请你不要担心钱的事情，更不要担心逃走后的去处，因为你到哪里都有朋友欢迎你。如果你想去塞桑尼亚，那里也有我认识的朋友，他们都很仰慕你、敬重你，你在那里一定会过得十分惬意！"

克里同想了一会儿，又说："我不认为你现在的选择是正确的。你明明可以自救，为什么不自救呢？你牺牲自己就等于落入控告你的人的圈套，为了毁灭你，他们千方百计地设下陷阱，你这样不是反而成全了他们？而且人们还会认为你丢弃了自己的孩子，你应该养育他们，但你却舍弃了他们，对他们未来的命运置之不顾，从今以后，他们就变得和孤儿一样了。你应该知道，如果不打算养育子女，就不应该生育，你如今的作为就等于是舍难就易，没有担当！你曾经公开的说过，要奉献生命去追求道德涵养的最高境界，所以，现在你更不应该去舍弃自己的生命！"

苏格拉底静静地听着，没有反驳。克里同紧

苏格拉底喝毒酒

接着又继续说道："这件事情发展成这样，我和你的其他朋友一定会被看成无能胆小的人。 本来，人们告发你的这件事不通过法律途径就可以解决，但事情的演变却令人意想不到，你不但被带上法庭，甚至被判死刑。 仔细思考这次事件的演变，真令人哭笑不得。 人们一定认为我们懦弱无能，我们本来可以救你，你也可以自救，但却让机会一次次的错过！ 这对你、对我们来说，都是极大不幸的事情。 苏格拉底，我求求你，好好想想吧！"

克里同表情忧伤，显示出无奈。 一会儿，他又有所顿悟的说："其实，现在什么事都不用考虑了。 因为方法只有一个，那就是今晚必须采取行动，如果动作不够迅速，就会失败！ 苏格拉底，请按照我的话去做，不要再犹豫了！"

苏格拉底十分感激克里同的热心，但仍不想去逃亡。 在苏格拉底的道德观中，逃亡是不正当的行为。 克里同的劝告，使他的心情变得更沉重，因为，内心发出的声音告诉他逃亡不是正确的举动，而他又不想伤了克里同的心。

苏格拉底的信念是，任何一件事情都必须用道德来衡量，力求达到尽善尽美的境界。 无论遭遇什么样的打击，都不能改变信念。 因此，他不会因逃亡而破坏了他一生所遵行的原则，他对克里同说："在没有比逃亡更好的办法之前，我不能听你的话，照你的意思去做，请原谅我。"

苏格拉底甚至说："即使他们使用比现在更残酷的手段，如杀戮、没收财产，我仍然不愿意逃走。"

作为人类永远的师表，影响了欧洲思想界2000多年的苏格拉底，就这样坦然地接受了死亡。 而他的死也正是他生命最光辉的顶点。

从容弃世

夜幕降临，死亡一步步向苏格拉底逼近。克里同问他："你还有什么事要交代吗？任何事情，我们都愿意为你效劳。"

苏格拉底回答说："没有了。只希望你们能按照我平常所说的去做，照顾好自己。你们若能做到这点，就等于是帮助了我和我的子孙。可是，如果你们不善待自己，不遵从我刚才及以往所讲过的道理，那么不论你们现在多么严肃郑重地答应我多少的事情，都是没有用的。"

克里同道："我们一定会按照你的意愿去做的，可是我们该如何安排你的后事呢？"

"按照你们所想的方式即可，只要你们内心真正感觉到我仍然存在，没有离开你们，那么就用你们所想的方式埋葬我吧！"苏格拉底说完这句话以后微微一笑，环顾身旁的人。

他接着又说："各位！克里同认为现在的我不是苏格拉底，反倒认为不久后看到的尸体才是我，所以才会问出要如何埋葬我的话。我服毒后，就必须告别你们到另一个国度去了。关于这个问题，我们刚才谈了很久，这一方面是希望能使你们冷静下来，另一方面也是在安慰我自己。但是，我们的谈话似乎对克里同发挥不了作用。我恳求你们去向克里同保证，我死后的灵魂不会留在这里，会去离这里很远的乐园去。这样一来，他的心情必定能平静下来；他看到我的肉体被焚化或埋葬时，哀恸或许可以减少，因为他不会再觉得那是对我的一种虐待；同时，埋葬我的尸体时，他不会说：'埋葬的是苏格拉底。'克里同啊！你必须除去那些不切实际的想法，以免让你的心灵受到伤害。

苏格拉底
Sugelaidi

你应该鼓足勇气说：'埋葬的只是苏格拉底的肉体。'至于如何埋葬，只要依你的意思，按照一般风俗去埋葬我就可以了。"

说完之后，苏格拉底就站了起来，进入另一间房间沐浴。克里同和其他人都在外面等着，克里同将苏格拉底告诉过他的事情提出来，让大家互相讨论，再一次地回想、思考，对于以往不幸的遭遇，人们都感到悲伤和叹腕。他们都有一种感觉，觉得自己即将失去最至爱的父亲，而后必须独自一人面对孤寂而迷茫的人生。

苏格拉底沐浴后，他的家人包括三个儿子，其中大儿子 17岁，名叫兰普罗克勒斯，另外的两个都还很小，以及他的第二个妻子克桑蒂贝，来到他身边。苏格拉底当着克里同等人的面将他迫切希望的事向他的家人讲了，作了交代。然后让妻子和孩子先回去。随即转身到克里同等人处。

此时天慢慢暗淡下来，苏格拉底坐了下来，不再说话。不一会儿，11 人刑吏官的一个手下走到苏格拉底的身旁说："苏格拉底，你和其他的囚犯真的很不同啊。当我接到上司的命令，要他们服毒的时候，他们不是对我要赖就是诅咒我，而你却从来没有埋怨过我。自从你来到这里以后，我就了解了你是这牢狱里所有的人当中，最高尚、最温和、最伟大的人物，这也是我现在才相信的。你是一个明白事理的人，你知道为这种事负责的人不是我，所以，你并不生我的气。而你也知道我想对你说些什么，就是请你保重，也请你用轻松冷静的心情来接受这无法改变的事情。"那人说完后，就哭着离开了。

苏格拉底看着那人的背影说道："你也保重，我会照着你的话去做的。"然后他对克里同说："那个人的心地十分善良和亲切，他常常来找我谈心，像他这样的人现在已经不太容易找到了！我由衷感激他。克里同，我们要依照他所说的话去做。请你让他们把毒药拿来好吗？如果还没有准备好，就叫他们赶快准备吧。"

克里同说："可是，苏格拉底，太阳仍旧照耀着山顶，还没有落下去呢！ 而我也知道，其他人在接到行刑的通知后，都会拖延一段时间才会服毒。 他们会吃许多美味可口的饭菜，尽情地享受最后的欢乐，然后才会去结束生命，所以请你不要这么着急，还有很多时间呢！"

"克里同，那些临死之人如果像你所说的那样，也是理所当然的。 因为他们认为这么做对他们有好处，但是，我不那样做也是有理由的，我觉得延迟服毒的时间，对我是没有用的。 如果到了这种时候，还依依不舍，只会增加我对自己的一些嘲弄罢了。 因此，就按照我所交代你的那样去做吧，别再执拗了。"

克里同只好遵从了苏格拉底的意思，他用目光示意站在一旁的侍童，那侍童就出去了，一会儿就走了回来，并带着一个捧着装满毒药的杯子的人进来。

苏格拉底对这个手里捧着毒药杯的人问道："请你告诉我，我该怎样做才行？"

那人说："你喝下这杯毒药后，只要一直走，如果感觉双脚十分沉重，就躺在床上，这时毒药就已经生效了。"说完，这个人就将盛满毒药的杯子交给了苏格拉底。 苏格拉底接过杯子，神色淡然，没有丝毫的害怕。 他看了看把杯子递给他的那个人，然后问道："我可不可以从杯子里取一点出来，把它献给神呢？"

那个人回答说："我们所准备的毒药分量刚刚好。"

苏格拉底说："这是我知道的，我只是想向神祷告而已，祷告让我从这个世界到达那个世界时，可以平安幸福。 这也是我用这杯中之物作为饮料，以此来向神许愿的目的。"说完，苏格拉底举起杯子，一饮而尽。

方才，大部分的人都在压抑着自己的情绪，不让自己哭出来。 但此刻看到他喝下毒药之后，就再也控制不了自己的眼泪了，他们捂着脸，大声地哭泣着。 要是说这是为了苏格拉底而哭泣，倒不如说是自我悲伤，感到自我的不幸，为的是丧失了这样好的朋友和老师而哭泣。 克里同最不能抑制自己的眼泪，因而悲伤得站了起来。 在场的阿波罗多罗斯是苏格拉底的好友，他早已哭红了眼睛，现在更是无法遏制自己的情绪，呜呜地痛哭起来，泪流满面，悲伤至极，这让在场的人都更加的难过和悲伤。 只有苏格拉底表现得十分从容，镇定自若。 他看到众人的这种情形说道："你们到底在干什么？真让人受不了！我赶走女人和孩子们，就是怕他们会这样！ 我经常听人说，作为男人，应该安静地死去。 所以你们面对着我，应该镇定下来，要更加的坚强！"

克里同等人听到苏格拉底这样的斥责他们，他们都觉得十分羞愧，抑制住了眼泪。 苏格拉底在囚室内走动着，他们渐渐发觉他的脚步越来越沉重。 拿来毒液的那个人，就让他躺下来了，然后用手摸摸他，并检查他的脚踝，用力压他的脚踝说："觉不觉得痛？"苏格拉底说："不！"那个人又按按他的膝盖，并且告诉克里同等人说，苏格拉底的身体已经开始僵硬，会慢慢的没有知觉。 那个人又检查了一遍苏格拉底的身体说："如果僵硬到心脏时，他的生命就结束了，而现在苏格拉底的下半身大部分都已经僵硬了！"

这时，那个行刑的人在苏格拉底的脸上盖了一层布。 就在这时，苏格拉底将盖在脸上的布拉开，开口说话："克里同，我还欠阿斯克勒庇俄斯（医学之神）一只雄鸡，请别忘记还给他！"这就是苏格拉底所说的最后一句话。

★✿★✿★✿★✿★
资料链接
✿★✿★✿★✿★✿

阿斯克勒庇俄斯

阿斯克勒庇俄斯是古希腊神话中的医神，在古罗马神话中被称为埃斯库拉庇乌斯，他是太阳神阿波罗和塞萨利公主科洛尼斯之子。 但是科洛尼斯怀孕时，又爱上了凡人伊斯库斯。 愤怒的阿波罗派遣妹妹月亮神阿耳忒弥斯射死了科洛尼斯。 在火化时，阿波罗从尸体中救出

苏格拉底
Sugeladi

苏格拉底喝毒酒时的情形

尚未出生的阿斯克勒庇俄斯，并交给了贤明的马人喀戎。 客戎将阿斯克勒庇俄斯抚养成人，教授他学习医术和狩猎。

阿斯克勒庇俄斯的医术越来越精湛，他从智慧女神雅典娜那里得到了一小瓶蛇发女妖戈耳工不可思议的血液：从左边的血管取，这就是一种致命的毒药；但是如果从右边的血管取，这血液就可令人起死回生。 大神宙斯对此事十分震怒，因为这威胁了只有神才能拥有的"不朽"，于是宙斯用雷劈死了阿斯克勒庇俄斯。 阿斯克勒庇俄斯的父亲阿波罗被激怒了，他射死了为宙斯锻造雷矢的独目三巨人库克罗珀斯。 宙斯大怒，将阿波罗罚往特洛伊为凡人修筑城墙，却也将阿斯克勒庇俄斯升上天空，化为蛇夫座，人们也将阿斯克勒庇俄斯奉为医神。

阿斯克勒庇俄斯

苏格拉底

阿斯克勒庇俄斯的形象为一位蓄着胡须，手持蛇杖的中年男子，在罗马他被叫做埃斯库拉庇乌斯。阿斯克勒庇俄斯的妻子是女神厄庇俄涅，他的儿女也全都是医务神人：他的女儿许癸尼亚、伊阿索、阿刻索、阿格赖亚、帕那刻亚则是主管清洁、医疗和医药的女神。

古希腊医师，"医学之父"希波克拉底，将医学独立于巫术，对临床医学贡献极大，并创立医师誓词，相传希波克拉底为阿斯克勒庇俄斯之后裔。

克里同赶忙回答说："好的，还有没有其他的事情?"苏格拉底已经无法回答，不久，他的身子痉挛了一下，那个人马上将盖在苏格拉底头上的布拿开，苏格拉底的眼神已经失去了色彩。克里同用手轻轻地按摩着苏格拉底的双眼和嘴，使之能安然地阖闭起来。

这就是苏格拉底临终时的情景，详情记载在柏拉图所著对话录中的《斐陀篇》中。

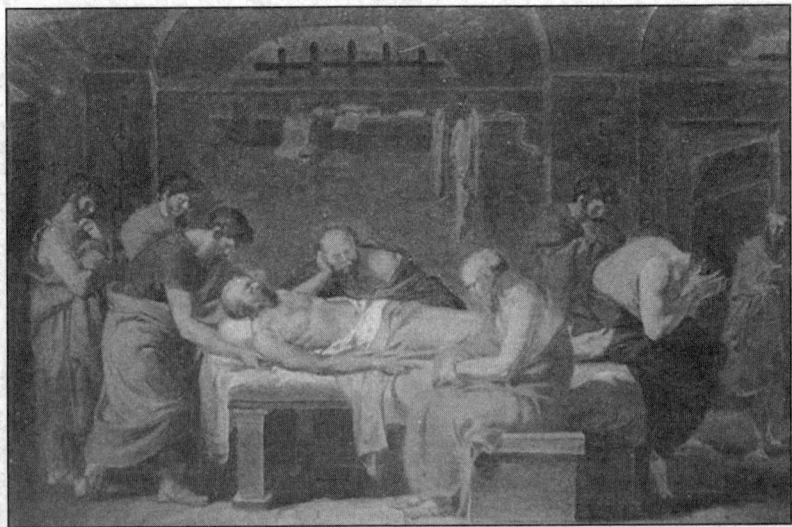

苏格拉底饮毒情形

坚信"灵魂不灭"

在处决的这天早上，苏格拉底的朋友、弟子、亲戚及其他人，都聚集在监狱外。如克里同，阿波罗多勒斯、赫摩基尼斯、亚士契尼斯、安提斯西尼斯、美涅克塞奴、希米亚斯、塞比斯、特普西安、斐多、克里同·普罗斯、阿匹凯尼斯、库托西帕斯、帕顿戴斯、艾乌库勒斯等，以及当地的人们。苏格拉底最得意的弟子——柏拉图却因为生病没有到来。但是据一位专门研究柏拉图的学者的记载，柏拉图曾在苏格拉底死刑后，在苏格拉底的好友那里，听他们讲述当时看到的情况。有关苏格拉底生平的记述最为可靠的莫过于柏拉图的一些可信的著作和色诺芬的《回忆苏格拉底》两书了。因为他们两人都是苏格拉底的门人，特别是柏拉图曾经亲自聆听苏格拉底的教诲，并且继承了他的思想。

这些人当中克里同与苏格拉底同是雅典人，他出生在雅典的爱罗匹格，与苏格拉底是从小一起长大的朋友，也是一向以自己外表自豪的雅典美男子克里同·普罗斯的父亲。

斐陀是在爱利斯出生的，而爱利斯是雅典的同盟国。公元前401年，斯巴达军占领了斐陀的故乡，斐陀成为俘虏，被抓到雅典当奴隶。斐陀十分仰慕苏格拉底的高尚品行，据说，后来他是被苏格拉底解救出来的。苏格拉底的弟子柏拉图在著作对话录中的《斐陀篇》就是以他为男主角，来主张灵魂不灭论。

在前面叙说的人中，阿波罗多勒斯素有"狂人"的绰号，他是柏拉图对话录里的《会饮篇》的男主角，他与犬儒学派创始者安提斯泰尼走得十分亲近。

赫摩基尼斯的兄长卡里亚斯很富裕，由于赫摩基尼斯研究哲学，要追求更高的境界，这样花费就很大，而这些钱都是由卡里亚斯资助的。撰写《苏格拉底回忆录》一书的色诺芬从赫摩基尼斯那里，听到过不少有关苏格拉底的言行思想的谈论，因此，他就是以这些资料为基础，经过核实加工，撰写出了《苏格拉底回忆录》这本著名的著作。

　　还有亚士契尼斯，人们在他的名字前冠以"苏格拉底"，称他为"苏格拉底的亚士契尼斯"，为的是与同名的雅典雄辩家亚士契尼斯相区分。亚士契尼斯在他年轻的时候相当落魄，为此，柏拉图将他推荐到戴奥尼索斯二世的宫廷，并被委任相当高的级别。因此，他对柏拉图在著作对话录中所提到的各篇男主角，都相当的推崇，并且给予很高的评价。

　　库托西帧斯住在雅典的帕阿尼亚，生性善良，虽然十分年轻却并不傲慢。美涅塞奴是他堂兄弟，也是柏拉图对话录中《美涅克塞努篇》的男主角。

✿资料链接✿

对 话 录

　　柏拉图的著作大多是对话录，这些对话录记载了柏拉图毕生的哲学思想。但是柏拉图对话录著成的确切时间却一直是个谜团，而且它们在日后是否曾被人编修窜改过也无法确定。但是现在的语言学家根据对话录的内容，已经列出了一个大致的年代表。这些对话录通常被分类为三个明显不同的时期，少数作品则被视为是在过渡期写成的，另外有一些则难以分类。而德文的神学家弗里德里希·施莱马赫可能是第一个将柏拉图著作区分为三个时期的人。施莱马赫将对话录区分为：

　　奠基期：《斐陀篇》、《吕西斯篇》、《普罗泰戈拉篇》、《拉凯斯篇》、《卡尔米德篇》、《伊壁鸠鲁篇》、《巴曼尼得斯篇》

Sugelади 苏格拉底

转变期：《高尔吉亚篇》、《泰阿泰德篇》、《美诺篇》、《欧绪德谟篇》、《克堤拉斯篇》、《智士篇》、《政治家篇》、《会饮篇》、《斐多篇》、《菲力帕斯篇》

巅峰期：《理想国》（《克里底亚篇》、《蒂迈欧篇》、《法律篇》）

但是《克里底亚篇》、《蒂迈欧篇》、《法律》这三篇对话录则是没有被施莱马赫翻译的部分。

在柏拉图对话录中，苏格拉底是柏拉图撰写的主要角色。但是对话录中有多少是苏格拉底的原意，有多少是柏拉图的意见，目前也存在着很大的分歧。由于苏格拉底自己从没有写下任何著作，这个问题也经常被称为"苏格拉底问题"。

在柏拉图早期的对话录中的苏格拉底被认为是真正代表了历史角度上的苏格拉底，因此这些对话录也被称为苏格拉底对话录。它们大多都是由苏格拉底讨论一个主题的对话构成的，通常是和伦理有关，并且有一个人担任贸然挑战苏格拉底的角色。在经过一连串的对话后，苏格拉底会证明那些挑战者对于辩论主题本身根本一无所知。这些对话录将结局交于读者决定谁才正确，这使得这些对话录具有"间接"的教学功能。这段时期也包括了一部分与苏格拉底审判和死刑有关的情节。这些对话录包括《申辩篇》《克里同篇》《卡尔米德篇》《拉凯斯篇》《吕西斯篇》《尤息德谟斯篇》《美涅克塞努篇》《小希庇亚篇》《伊安篇》

而《高尔吉亚篇》《普罗泰戈拉篇》《美诺篇》则被看成是过渡期的对话录。到了早期对话录的后期，柏拉图所描绘的苏格拉底在对话

柏拉图

录中已开始阐述他自己的答案和观点，这些一般都被认为是柏拉图首次试图阐述自己的观点，中期的对话录最为特殊的地方就是在于提出了知识是来自于理解那些从未改变的"形式"，同时对话也试着研究那种形式。而灵魂的不朽，和有关正义、美、真理的特定原则也在这段时期开始出现。《会饮篇》和《理想国》被视为是柏拉图中期对话录的最重要部分。这些中期的对话录包括《欧绪德谟篇》《克堤拉斯篇》《斐多篇》《斐陀篇》《会饮篇》《理想国》《泰阿泰德篇》《巴曼尼得斯篇》。

而到了晚期的《巴曼尼得斯篇》里出现了一系列对于"形式"理论的批判，这被广泛视为是象征柏拉图抛弃了这个理论。苏格拉底在柏拉图晚期对话录中也依然在讨论里保持重要角色。晚期的作品被公认为是相当艰深而且具有挑战性的哲学作品，与早期的对话录相比较，晚期的作品通常更为严肃而且具逻辑性，但也经常对于问题的解答保持保留态度，而不像早期作品里有系统地指出问题的答案。晚期的对话录包括《智士篇》《政治家篇》《菲力帕斯篇》《蒂迈欧篇》《克里底亚篇》《法律篇》。

希米亚斯与塞比斯，在柏拉图著作对话录的《斐陀篇》中，是主要的两个对话者，这两个人在塞瓦是普罗泰戈拉学派菲力勒斯的弟子。塞瓦是被意大利逐放的普罗泰戈斯学派的避难所，但色诺芬在《苏格拉底回忆录》中将希米亚斯与塞比斯视为苏格拉底的弟子。

在门外守候的艾乌库勒斯信奉麦加拉学派的学说；而特普西安与艾乌库勒斯交情较深。在苏格拉底死后，由于政治的原因，使得柏拉图只能暂时住在这两个人的家中。

苏格拉底的这些朋友集聚在监牢外，不久，监狱的看守来了，让他们稍等一些时间，并下令说在没有获得允许之前，不准私自闯入。看守又对他们说："在苏格拉底的囚室中，正有11个狱吏解开拴住苏格拉底的锁链，因为今天必须处死苏格拉底。"监狱的看守说完就离开了，苏格拉底的这些朋友不得不等在门外。

没有多久，一名狱吏走了出来，通知他们可以进去了。他们进去后，看到了刚被打开锁链的苏格拉底。苏格拉底的妻子克桑蒂贝抱着孩子坐在一旁。她看到这些人进来后一直放声大哭，并对苏格拉底说道："你所剩的时间已经不多了，你好好的与你这些好朋友谈谈吧！"苏格拉底不愿看到自己妻子悲伤的可怜样子，于是对克里同说道："克里同啊，请你带她回去吧！"

听了这话，两三个克里同的家人将一面哭泣、一面挣扎的克桑蒂贝带回去了。

这时，苏格拉底又重新坐好，将两只脚舒展舒展，并且用手揉了揉，表现得十分淡定从容，似乎他要和在旁的友人及弟子谈到日落就刑为止。被苏格拉底解救的，对他十分推崇的斐陀看到苏格拉底如此的冷静，没有任何的忧愁和恐惧，他觉得难以置信。

为何苏格拉底可以这样平静，甚至带着喜悦的心情来迎接死神的到来呢？他有这样的表现是有理由的。因为苏格拉底深信，人死后，只是离开了他现在所处的世界，进入另一个世界，这就是冥界，也就是人们常说的阴曹地府。苏格拉底认为，冥界应该是"充满希望"的开始；而只有通过死亡这扇门，才能使肉体获得解脱。

苏格拉底说，人生就像一场戏，而这场戏是由上帝导演的，上帝善意地把人类的灵魂放入肉体这个"栅栏"中；死亡，则表示灵魂获得释放，然后进入另一个更美好的世界，在那里将能更加自由地透悉真理和事情的本原。因此，对一个好人来说，死亡是另一场好戏的开锣。

在苏格拉底的灵魂不灭说中，他认为人死后都会被带到神灵那里去，无论心地善良或作恶多端，都必须在阿凯龙河乘船，前往雨凯希雅斯湖接受审判。作恶多端的人，必须接受生前的报应，而后才会获得灵魂的解放；相反的，心地善良、乐善好施的人，则会得到好报，受到奖赏。力图渎神、破坏神殿、杀人或者没有孝心的人都会被扔到黑暗的深渊——塔露塔雨斯，接受煎熬。

而心地善良，多行善事的人则可以升入天堂，在那里过着无忧无虑的幸福生活。

以上就是苏格拉底对灵魂不灭的简介。 而他也对此深信不疑。 所以，苏格拉底能够如此平静安详地接受死神的到来。

苏格拉底一生都致力于哲学、伦理的研究，并且身体力行，竭力使"灵魂臻于至善至美"，希望死后能够到达自由自在的永生世界。 他对此满怀信心和希望，期待着进入未来的世界。 而苏格拉底所创造的灵魂不灭论后来逐渐成为欧洲学术与道德上的一种传统，直接影响欧洲 2000 余年。 这一论点也为基督教的理论铺上了一条坦途，促进了基督教在民众间的传播。

哲人所处的环境

> 如果把世上每一个人的痛苦放在一起，再让你去选择，你可能还是愿意选择自己原来的那一份。
>
> ——苏格拉底

雅典伯里克利时代

公元前 461—公元前 429 年是古雅典历史上最为繁荣和富强的时期，也是雅典民主政治发展到巅峰的时刻。 而在这一段时期中，伯里克利主要任雅典的执政官。 而苏格拉底就生活在这样的一个时代中。 但是这个时代究竟是什么样子的呢？ 这个时代对他的影响如何？ 这是后人了解苏格拉底生活和思想的关键之一。

雅典大史学家苏西德地斯（公元前 471～公元前 401 年）曾说："在人性的范畴里，历史很可能不断地重演着，如果能使后人在探索历史的时候，有所依据，可以认清历史的价值，那么我的努力就没有白白浪费。"他的话也正是说明了历史的重要性。

苏格拉底一生没有留下任何的著作，但他一生都生活在雅典，他的命运和雅典的命运息息相关，我们在研究苏格拉底的精神世界时，就必须首先了解他所生活的环境。

古希腊都市雅典在阿提卡区域内，但是阿提卡土地贫瘠，种植农作物常常得不到好的收成。 但在这种艰苦的条件下也有另一个好处，那就是这里很少发生内乱，因此这里的居民代代繁衍，安分守己地住在这个地方。 但随着时间的推移，阿提卡这一地域逐渐繁荣起来，究其原因是因为难民的不断涌入。 这些因内乱或战争而被国家驱逐的人，多是上层人物，如王侯贵族。

他们拥入阿提卡区域内，纷纷要求雅典人保护。 这些人后来成为当地的市民，使雅典这个城邦日益壮大。 不久，阿提卡和其他的地方都没有能力收容这些难民了，所以不得不向海外开辟殖民地。 雅典所在的阿提卡区域是个半岛，在希腊的中部。 在其东面是紧依海岸的长岛尤卑亚，掩护着通向东北爱琴海的航路。在其西面有法勒伦和派里厄斯的良好的港湾，由此出发并从洛尼卡湾出去，便可到爱琴海上的各群岛了。 由于雅典居民增多，就向海外的伊奥尼亚群岛殖民。 时期是公元前770—公元前550年间。 当时，苏格拉底尚未出生。

　　这个时期，雅典的民风是对任何事情都不加以深究，不注意查实，喜欢道听胡说，并且总是相信"最小的错误可以换得最大的幸福"。 他们认为最好不要去惹比自己强大的人，与其为了眼前的利益去侵略他人，不如守住目前所拥有的。 但是也因此遭到了波斯的侵略，波斯侵略伊奥尼亚并进军希腊本土，攻占了雅典，于是抗击波斯侵略的波希战争爆发了。 经过奋力激战，以雅典为首的希腊一方取得了胜利。 在此之后雅典的民风和认知都有很大的改变：他们不再那么保守，而是精力充沛，身体力

爱琴海

苏格拉底

行进行革新。 他们策划时很迅速，凡是决定了的事，必定不遗余力去做，从不畏缩。 他们为了达到目的，即使付出极大的代价也在所不惜。 雅典人特别重视城邦利益，反之将个人的生死利益却看得很轻。 他们的认知能力很强，能从失败中汲取教训，以便补救损失。

"压制侵略是人类本性的表现。 自己虽拥有权力，但却不滥用它，而用道德力量来影响他人，这种人才值得赞赏。"修昔底德在《历史》一书中，曾如此记载着。 这也反映了当时雅典的道德勇气。

这些话正好反映了当时雅典人的精神风貌。 在这种氛围中古希腊第一位哲学家泰勒斯从事对自然哲学的研究。 他虽然比苏格拉底早一些（他的活跃期是公元前 585 年），但是他的思想却对苏格拉底产生了很大的影响。 在古希腊，雅典是"全希腊的学校"，这里的青少年都能获得良好的教育和丰富的学识。 悲剧诗人埃斯库罗斯（公元前 525—公元前 456 年）撰写的悲剧《波斯人》既反映波斯与希腊之间的战争，又反映出当时希腊的风貌。 波斯被打败，波斯军队不得不从雅典撤走。 雅典胜利了，妇女儿童和老人都被迎接了回来，但是雅典城内已经被波斯军毁之殆尽。 雅典人纷纷出钱出力来重建自己的家园。 这一切的发生和结束大约发生在公元前 457 年。 苏格拉底是公元前 469 年出生在雅典的，这时他正好 13 岁。 年幼的苏格拉底就是在这样的真实历史中生活过来的，这必然会对苏格拉底的成长有很大影响。 而苏格拉底出生时，正

波希战争地图

苏格拉底

是雅典最伟大的政治家、大将军及雄辩家伯里克利的黄金时期。伯里克利生于公元前495年，比苏格拉底大二十五岁左右，所以苏格拉底还很幼小的时候，他已成年了。而伯罗奔尼撒同盟与雅典之间订立五年的和平条约时，苏格拉底已二十岁。苏格拉底是在伯里克利极盛时期成长起来的。

伯里克利

伯里克利出身名门，他的父亲克山提波斯是公元前479年米卡列海战雅典舰队的司令官，母亲阿加里斯特为雅典民主政治的奠基人克利斯提尼的侄女。因此伯里克利从小就受到了良好的教育，曾经向当时的哲人达蒙和芝诺学习音乐、政治和哲学。

伯里克利的青少年时代是在希腊与波斯的战争中度过的。在波希战争中，雅典和同盟国同心协力，凭借海上舰队打败了波斯军，随后又缔结提洛同盟，因此让雅典成为希腊当时最强的国家，经济繁荣，文化也有了长足的发展。伯里克利怀揣着对国家的无比热爱，登上了雅典的政治舞台。他刚正不阿，廉洁奉公，目光深远，口才一流，坚毅冷静，具备一个优秀政治家的品格和气质。

公元前466年后，伯里克利追随埃菲阿尔特斯，崭露头角，成为雅典民主派的代表。希波战争胜利后，以战神山议事会为大营的雅典保守势力有所发展，其代表的人物是客蒙。埃菲阿尔特斯和伯里克利

伯利克利

苏格拉底
Sugelada

奴隶主民主政治的时期建筑

不断揭发战神山议事会成员贪污舞弊、滥用权力的行为，并在公元前463年揭发客蒙在培索斯战争中接受马其顿王的贿赂。客蒙虽被判无罪，但雅典的保守势力受到了重创。公元前464年，客蒙不顾民主派的反对，率军援助斯巴达镇压黑劳士起义。埃菲阿尔特斯和伯里克利趁机掌握政权，进行政治改革。消息传来，斯巴达人对雅典援军猜疑不已，劝他们收兵回国。客蒙败师而归，这让民主派和雅典公民更认为客蒙使雅典受到了极大的侮辱。公元前461年，客蒙被放逐。不久，埃菲阿尔特斯遭暗杀，伯里克利便开始了他的执政生涯。

客蒙在公元前450年去世后，伯里克利进一步控制了政局，从公元前443年到公元前429年，伯里克利一直被选任为雅典最重要的官职——首席将军，完全掌握了国家政权。在伯里克利的领导下，古雅典的政治经济、霸权、古典文化都发展到了极为昌盛的时期。公元前429年，伯里克利因为感染瘟疫而去世。

当时，伯里克利是雅典所有的政治家中声望最高的人，他拥有无上的地位与权力，他制定政策，让雅典绝不与恶势力妥协；一旦爆发战争时，他又知道如何激励雅典人的士气。此外，伯

苏格拉底
Sugelati

里克利口才极好，说话极具鼓动性，他才华出众，言必行，行必果，没有人能超过他，所以雅典人将他看成是最高的统治者，没有人不被他高超的政治手腕和自信所折服。 从以下列举出来的他的演说词，我们就可知他的确是一位伟大而卓越的政治家。

"雅典的人们！我想说的，与平时没有什么不同。 我们不能与伯罗奔尼撒（以斯巴达为盟主的同盟）妥协，人们支持战争时，会被某种感情左右；对于事态的发展，也会有好与坏的不同判断，这些你们都懂。 但是现在，我要和从前一样，将我的见解告诉你们。 你们一旦决定服从我的意见，就必须贯彻彻底，即使遇到挫折，也绝不能半途而废，应该同心协力；否则胜利到手时，我们就无法将它当成智慧与劳动的结晶，而引以为荣。战场的胜败，是无法预测的，如同人们的想法一样，都是不可靠的；所以，对于无法预测的事，我们只能归之于命运。"

苏格拉底生长在这样的时代里，无形中受到了伯里克利式的自信心与实践力的熏陶，并且对此身体力行。 苏格拉底成了一个实践家，他对已经决定的事情，除非万不得已，否则不会轻易改变。 我们从后来的苏格拉底的所作所为中，完全可以窥见伯里克利自信的实践的缩影。 而在当时流行的歌曲中，也曾形容苏格拉底和伯里克利一样，是个实践主义者。 总之，追随当时著名领导人、伟大人物，看他们的所作所为，由此就可以洞悉那个时代的人的精神实质。

一个人如果因循守旧，总是走别人走过的路，那么他的一生必然平淡无奇。 但是如果这个人走上前人未走的路，经历前人未经历的人生，那么他留给世人的事物会比任何人都深刻，色彩也会更加鲜明。 在当时，就有这样一个人，虽然他与苏格拉底没有直接的关联，但他对苏格拉底的精神变化却有深远的影响。这个人叫狄密斯托克利，是一位军事首领，据说在苏格拉底二十岁时，就已服毒自杀了。

狄密斯托克利生于公元前528年，死于公元前462年。 公元前480年9月，正是雅典和波斯交战期，雅典在沙拉密斯湾大败波斯王泽克西斯的大军，当时的军事统帅就是狄密斯托克利。

狄密斯托克利生来就颇具创造力，并且他在一生中将这种创造力发挥得淋漓尽致，而且往往将这种独创力超常发挥，是别人难以企及的，也是无法学到的。狄密斯托克利的观察力也十分的敏锐，这种敏锐不是仅仅靠着学识和经验就能够训练出来的。在极为紧急的情况时，他只要略为思考，就能做出最正确的决定；对于未来，他同样具有深远的眼光，他的预测几乎每一次都是准确的。他还具有超强的记忆力，凡是他经历过的事情，他都能记得清清楚楚，能够有条不紊地讲述出来；即使遇到他从来没有经历过的事情，狄密斯托克利都能做出较为合理、可信的判断。不论多么棘手的事情，碰到他都可以迎刃而解，取得突破性的进展。狄密斯托克利的学习能力极强，他凭借所学订立决策，大多可行，并且具有十分高超临机应变的能力。关于上面所说的这些，在色诺芬的《苏格拉底回忆录》中有记载。大部分的雅典市民都认为，像狄密斯托克利那样伟大的人，他所具备的才能，若非接受过特殊的教导，那就是生来就有的。当时，凡是遇到重要的事需要解决时，人们都将此事寄托在狄密斯托克利身上，期望他能予以完满解决，取得预期的效果。

关于狄密斯托克利的才华，虽然苏格拉底并未亲眼见识过，但是他对狄密斯托克利做出了如此评价："想要学到精湛的技术，前提必须是要找到技术高超的师傅。国家的领导者，掌握了一国之中最重要的事，他是一个灵魂人物。如果有人认为他天生就具有某种能

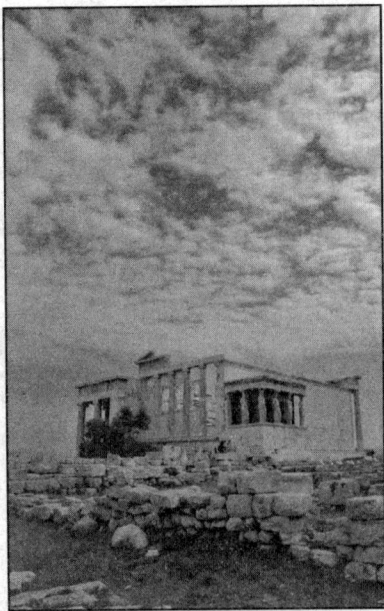

阿提卡

苏格拉底

力的话，那是很愚蠢的想法。"

由此可见，苏格拉底是十分推崇狄密斯托克利，并且也肯定了教育的作用。但是不幸的是，狄密斯托克利因谋叛罪而被处死。他一生立下无数丰功伟业，有着辉煌的历史，但因为是以谋反罪被处死的，所以死后被禁止埋在故乡。后来，亲友们偷偷地将他埋在雅典的阿提卡地域内。

在苏格拉底与克里同普罗斯的对话中，曾提及狄密斯托克利是做了某些有意义的事情，才受到人们的尊敬和爱戴。这些在色诺芬所著的《苏格拉底回忆录》中均有记载。苏格拉底的哲学思想和学识不少是受到狄密斯托克利的影响和启示而获得的。

伯罗奔尼撒战争

雅典的盛衰是否和苏格拉底有关系，三十岁之前的苏格拉底在做什么，他又是如何谋生的，这在今天仍是一个谜团。但是雅典在伟大政治家伯里克利的领导下，国家日渐强大，人民生活安康富足，这是不容怀疑的。

伯罗奔尼撒战争爆发时，伯里克利有着必胜的信念。在战争爆发时期，他不恣意扩大统治圈，也不大意鲁莽，以免将雅典兵力陷入危险之中。伯里克利曾对雅典士兵说："我们并不是害怕与敌人作战，而是必须对自己可能犯的错误有所觉悟。"

斯巴达在战争初期，曾派出使节进行和谈。伯里克利代表雅典人做出以下的回复：

1.斯巴达人曾对雅典市民及同盟国的市民颁布撤退的命令。我们要求，如果斯巴达人能废除这道命令，我们能让美加拉市民利用阿喀拉港。

2.你们这些拥有自治权的国家，若参加同盟，订立和约，不但同样给你们自治的权利，并且可享有最惠国待遇。

3.合约上规定：若自己国家没有和别人作战的意思，可是他国却侵略过来，此时仍须应战。

雅典人一直信任伯里克利的决策，但也因为这个提案，使斯巴达的使节回去后，再也没有造访过雅典。

雅典一直是在战争中成长的。 公元前431年春至公元前428年，正是苏格拉底39岁—42岁之间，此时也正是雅典与斯巴达同盟对峙之时。 当时，斯巴达人的同盟国是伯罗奔尼撒群岛上的诺国，除此之外，还有麦加拉人、拉克利斯人、普契斯人、安普拉琪亚人、留卡斯人、安那库都利亚人等。

雅典人的同盟则是巧斯人、来斯佛人、普拉第亚人、麦沙尼亚人、阿卡陆拉尼亚人、肯陆卡拉人、萨肯托斯人、及卡利亚人、多利斯人的殖民地、爱奥尼亚人的主要城市、赫拉斯奔多斯的城市、色雷基城、伯罗奔尼撒至克里特岛为直线的东方的海洋上等岛屿。

伯罗奔尼撒地图

斯巴达王阿契戴摩斯训示各城市的指挥官，告诉他们应该如何对付雅典同盟国。 他说："我们攻击的目标是雅典的都市，他们一向都十分骄傲地说，他们随时都在准备迎接战争。 因此，如果这个时候让雅典人看到，我们砍断他们的树，烧毁他们的房子，他们就会全力迎战。 因为，他们一旦遭受攻击，一定会愤怒异常，从而不计失败、失去理智，由着这暴怒的情绪而卷入到战争当中。雅典人一向喜欢支持他人，当他们看到自己的领土被人蹂躏时，绝对不会坐视任由别人欺凌的！"

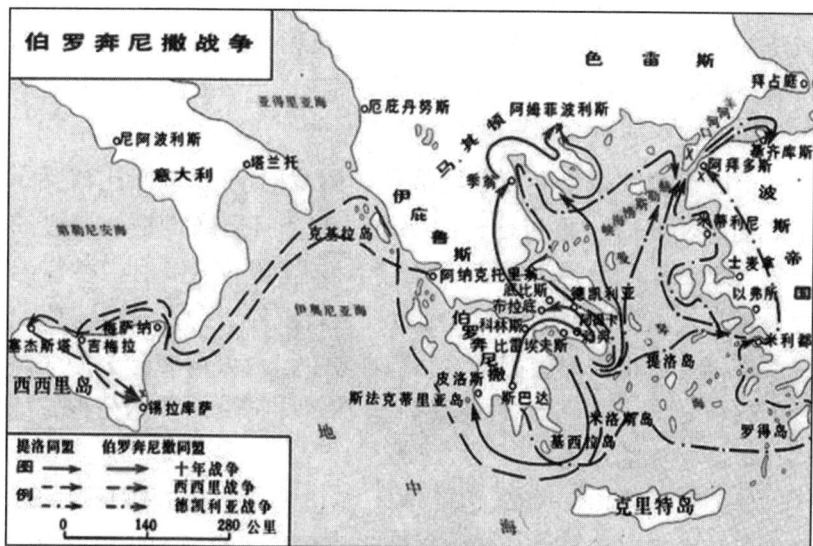

伯罗奔尼撒战争地形图

而在雅典，伟大的伯里克利抱着对战争胜利的绝对信心。他从容命令雅典人将所有的财产从城外搬到城内，至于家畜、马或者骡子等可以代替脚力的动物，就移到近海的岛上。 但雅典人向来习惯于田园生活，他们深爱着这片土地，因此对这种集体移居的生活很不能适应和忍受。 在对波斯的战争中，雅典人好不容易才赶走波斯侵略者，重建了家园。 这即将开始的战争却又给他们极大的打击。 但是由于对国家的热爱，他们还是遵从了伯里克利的命令搬到城内去了。

但这些人在雅典城内有家或者有朋友亲戚的却很少，因此，大部分都只能睡在街上或者神庙、英雄的圣地。 而在阿库拉普利斯及亚库雅（市场）东南的亚利乌西尼旺等地，则严格禁止他们居住。

苏格拉底

在阿库拉普利斯的西北方山崖下，有一块叫"培拉路易肯"的土地，曾经有这样的传说：培拉路易肯必须荒废，因为凡是住在这块土地上的人，会被鬼神诅咒。但因为战争的缘故，许多人都已经忘却了传说，纷纷住在城墙的塔里或仓库里。

这是雅典人为应付战争对内所做的准备。而对外，则是尽其所能帮助同盟国增强军事力量。雅典和其同盟国为了抵抗伯罗奔尼撒沿岸的敌军攻击，已准备好军船。整个雅典的上上下下，都为迎接战争而忙碌着。

而苏格拉底就生活在这场战争的爆发时期。以下这段话，不能确定是苏格拉底在这一时期所说的，但是确实是他说过的话："如果有人正为无知而困扰着，我们就不吝惜地将智慧给他；若有人遇到贫穷的困难，那么众人就同心协力来救济他！"

苏格拉底也曾对阿里斯达路克斯说："你好像有什么心事，为何这样心情郁闷呢？你不妨说出心事，让众人替你分担，或许可以减轻你的压力。"

阿里斯达路克斯回答道："唉！苏格拉底！我感到非常的困惑，自从内乱开始后，我的很多的朋友亲戚都跑到了此里斯夫，而剩下的亲戚都是老幼妇孺，他们却都跑到我这里来避难了！"

今日的阿提卡

苏格拉底

伯罗奔尼撒军已侵入阿提卡，并进攻到距雅典仅十点六公里左右的地方，雅典人眼看着自己的家园即将被毁。对年老的人来说，这是继波希战争以后的第二次战争，但对年轻人来说，这完全超过了他们所知道的范围，它们强烈地震撼着他们的心灵。

虽然很多人都想奋起反抗，却被伯里克利禁止了，他不准他们放火，是害怕市民们感情用事。作战时若不严明军纪，常常会造成人们难以承受的损失。所以，伯里克利让大家暂时忍耐，等人心平静后，再全力反击，夺取战争的胜利。

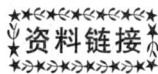

★☆★☆★☆★☆★☆
资料链接
★☆★☆★☆★☆★☆

伯罗奔尼撒战争

伯罗奔尼撒战争发生在公元前431~前404年，是古希腊城邦斯巴达和雅典之间争夺霸权的战争。其得名于以斯巴达为首的伯罗奔尼撒同盟。

在波希战争的后期，雅典联合希腊城邦国家组织了攻守联盟。战后，希腊人担心波斯人会卷土重来，就一直保持着这个同盟。这时以斯巴达为首的伯罗奔尼撒同盟已形成。但是随着时间的推移，雅典逐渐把同盟变成了发展自己的利益的海上帝国，为此，他们还动用了同盟国金库的资金，并且试图将其他同盟国降至臣服国的位置。如果反抗，就会遭到镇压，将其作为征服国，接管其海军，并让该国向雅典纳贡。斯巴达因此与之针锋相对，与雅典争相干预他邦内政，冲突不断发生。公元前435年，科林斯与其殖民地克基拉发生争端。公元前433年，雅典出兵援助克基拉，逼科林斯退兵。公元前432年，雅典以科林斯殖民地波提狄亚隶属提洛同盟为由，要求它与科林斯断绝关系，矛盾加剧。同年秋，伯罗奔尼撒同盟各邦开会，在科林斯代表鼓动下，要求雅典放弃对提洛同盟的领导权，遭拒绝，战争爆发。

战争分为三个阶段。十年战争（公元前431~公元前421）亦称阿基丹姆战争。公元前431年3月，伯罗奔尼撒盟邦底比斯袭击雅典盟邦布拉底，引发战事，战争随即爆发。在阿基丹姆战争中，雅典开始

伯罗奔尼撒半岛

占优势，但是在公元前 430 年，雅典发生瘟疫，城内约有四分之一的人死亡，伯里克利亦于次年病死。公元前 427 年前后，米蒂利尼等盟邦发生反雅典起义，陆上形势开始对雅典不利。公元前 425 年，雅典海军占领麦西尼亚西岸的皮洛斯及其附近的斯法克蒂里亚岛，并煽动斯巴达的奴隶暴动，使斯巴达陷入困境。为对抗雅典，斯巴达将领伯拉西达率兵于公元前 424 年攻占爱琴海北岸重镇阿姆菲波利斯。公元前 422 年，双方在该城激战，雅典主战派首领克里昂与伯拉西达均战死。公元前 421 年，雅典主和派首领尼基阿斯与斯巴达缔结《尼基阿斯和约》。和约规定，双方退出各自占领地，保持 50 年和平。

　　第二阶段是西西里战争（公元前 415～公元前 413）。在公元前 421～公元前 416 年间，双方基本处于休战状态，但是在军备和外交上已经开始了角逐。公元前 415 年，雅典将军阿尔喀比亚德提出远征西西里的计划，经公民大会通过。同年 5 月，雅典远征军（战船 136 艘、轻装步兵 1300 人、重装步兵 5100 人、桨手 2.6 万人）以阿尔喀比亚德、尼基阿斯和拉马科斯三人为统帅准备出征。行前，雅典城内发生赫尔墨斯神雕像被毁事件。远征军刚到达西西里岛，公民大会即传令涉嫌的阿尔喀比亚德回国受审。归国途中，他投奔斯巴达。雅典远征军改由拉马科斯和尼基阿斯共同指挥。战争初期，远征军多次获胜，但是在拉马科斯阵亡后，由尼基阿斯一人指挥。不久，斯巴达派来援军，形势急转直下。雅典虽增兵援助，但由于尼基阿斯指挥不力，于公元前413年9月全军覆没。雅典损失战船约200艘，被俘7000人，尼基阿斯被杀。此战为伯罗奔尼撒战争的转折点，雅典从此失去海上优势。

第三阶段是德凯利亚战争（公元前413～公元前404），斯巴达加强陆上攻势。公元前413年，斯巴达军入侵阿提卡，并长期占领德凯利亚，消耗了雅典力量。雅典与外界联系受阻，农业几乎完全瘫痪。城内2万名奴隶工匠逃亡，经济受到严重影响。为作最后决战，雅典再建舰队，于公元前411年在阿拜多斯、次年在基齐库斯先后打败斯巴达海军。但是斯巴达在波斯的援助下扩建舰队，与雅典海军决战。公元前405年，斯巴达海军在来山得指挥下，重创雅典海军于赫勒斯滂海峡（今达达尼尔海峡）附近的羊河河口，继而从海陆两面包围雅典。公元前404年4月，雅典投降，接受屈辱的和约：解散提洛同盟，参加伯罗奔尼撒同盟；拆毁长墙工事，只保留12艘战船。

阿提卡古遗迹

苏格拉底

雅典的民主政治

雅典的民主政治即古希腊雅典国家的奴隶主民主政治制度。早在公元前 7 世纪末，雅典氏族贵族与平民的矛盾就已经十分尖锐矛盾。 公元前 594 年由双方共同选出的仲裁人梭伦实行改革，废除了债务奴役制，提高了公民大会的权力，调整了公民集体内不同阶层间的利益关系，奠定了雅典民主政治的基础；庇西特拉图（约公元前 7 世纪末—公元前 527 年）及其后裔的僭主统治（公元前 560 年—公元前 510 年，中有两次间断）在客观上促进了雅典经济、文化的发展。 公元前 509 年的克利斯梯尼改革，更是促进了雅典民主政治的发展。 后来又经过公元前

雅典古迹

苏格拉底
Sugeladi

462 年（或公元前 441 年）的厄菲阿尔特和公元前 443 年伯里克利的改革，更加完善和奠定了雅典的民主政治。

伯里克利当政期间的雅典民主政治特点：

1. 各级官职（除十将军外）以抽签方式向国民开放；

2. 五百人会议由民众陪审团掌权，贵族会议丧失一切政治权利；

3. 为担任公职或城邦活动的公民发放工资或补贴。

而创造古雅典民主政治辉煌的伯里克利不仅在军事上指挥若定，在内政上成绩斐然。这在他的一篇演说中可以看出来，伯里克利被推选在国葬典礼中致辞时，已经六十岁了，那时的苏格拉底大约是三十五岁。致辞时，伯里克利首先感谢祖先，其次赞美创造雅典的神，然后是述说雅典人如何追求理想，以及在政治上的理想和领导人物所应该具备的条件。

这段话被柏拉图记载于对话录中，其所表达的政治精神与苏格拉底所说的自由与法治的核心相同：

"我们的政体并不是学习其他国度而建立起来的，更不是追随他人的理想而发展起来的，而是要让别人以我们的政治体制为模范，效法我们。民主政治不是被少数人独占，而是由多数人所共有。在我国，依法律的规定，任何人都有平等的发言权，但是，若一个人的才能超出众人之上，那么，我们必须超越一般人所谓平等观念，而特别任用他，给他很高的地位。假使有一个人能为国家做事，虽然他是贫穷出身，也不能因此而阻断他的仕途之路。不要害怕别人用怀疑或怨恨的眼光看自己；只要你的生活不侵犯他人或妨碍他人的利益，你天天都可以自由自在地生活，而你一旦侵犯他人的权利和利益，那只有用法律来约束。因此，唤醒众人知荣耻的心灵，虽然这是一种不成文的规定，但大家必须遵守。"

雅典的民主政治是以自由的理念为基础，其自由并非毫无限制，而是由法律来保障的，所以要自由就必须守法。当时，雅典的民主政治虽然反映了民众的意见，但仍还是由有着众多财产和权利的奴隶主阶级掌握政治。它有一个很突出的特色，即由民众来选政治领袖，但并不是每一个人都可以拥有政权，这是一个限制。而伯里克利所谈的雅典民主主义的理念，即法律之前人人平等。

雅典卫城——古雅典奴隶主民主政治时期的宗教圣地

苏格拉底就是生活在这样的时代，他之所以没有答应克里同提出的逃亡计划，就是由于他对伯里克利的民主主义理念的认同。他不愿逃走，而甘心服毒。

苏格拉底曾对耶乌提都摩斯说："你现在被民众选为一国的领袖，你是否知道民主的政体是什么？"

在色诺芬的《苏格拉底回忆录》中，曾记载苏格拉底对王道与虚伪民主政治的看法。苏格拉底认为王道是用法律来治理，使人人都自觉地去遵守服从；虚伪的民主政治是不顺从民众的意思，是没有法治的一种独裁政治，它所出台的法律是压迫人民的；贵族政体是依照传统选出为政者，富者政体是依照财产来授予官爵，而民主政体是从所有人中选出贤能者而任命。

色诺芬

一直到现在，人们都不知道色诺芬出生于何时。考古学家认为他是在公元前430年出生于雅典附近的阿提卡城。色诺芬出生于上层社会，属于贵族。早年拜苏格拉底为师，是苏格拉底比较出色的学生之一。

关于色诺芬的一生，人们了解得并不是特别多。公元前401年，波斯帝国西部小亚细亚的长官小居鲁士在希腊招募雇佣军，约三十多岁的色诺芬应募。但是这支军队被小居鲁士带领向波斯帝国腹地前进时，士兵们才得知了小居鲁士的阴谋——推翻波斯国王，自立为王。希腊雇佣军此时已无退路，又听到小居鲁士的许多承诺，只能继续前进至巴比伦附近。但是，最终小居鲁士在战斗中身亡，由此这支希腊雇佣军陷入波斯帝国腹地。而后来军队的首领又被波斯人诱捕而

色诺芬

杀害，色诺芬被推举出来领导这支军队。在以后的一年里，色诺芬带领这支雇佣军，历经千难万险，穿越大半个波斯帝国，终于回到希腊本土。

回到希腊后，色诺芬投靠了斯巴达，为斯巴达国王阿格西莱二世效力。公元前399年，苏格拉底在雅典被处死，雅典政府也对色诺芬宣布了放逐令。公元前394年，色诺芬随阿格西莱二世回到了斯巴

达，在那里与妻子儿女团聚。斯巴达政府把色诺芬安排在奥林匹亚附近的斯奇卢斯地方，以后，色诺芬在那里平静地生活了约二十年，在这二十年里，他撰写了很多著作。

公元前371年伊利斯人攻占斯奇卢斯，色诺芬全家逃往科林斯。公元前369年，雅典与斯巴达关系改善，雅典政府取消了对色诺芬的放逐令，色诺芬将自己的孩子送回雅典，自己也经常短暂回雅典，但最终死于科林斯。

色诺芬是古希腊最伟大的作家之一，他以自己的传奇经历写成了《长征记》，从文学角度来说，这部作品引人入胜，从史学角度来说，它具有很高的研究价值。而从军事学角度来说，有人说"经过了二十三个世纪，还没有比《长征记》更好的军事教程"。

色诺芬撰写的《希腊史》，成就了他作为古希腊伟大的历史学家名气。作为苏格拉底的学生，色诺芬对苏格拉底怀有深厚的感情，他著有《回忆苏格拉底》、《苏格拉底的辩护》等。有人说，相对于柏拉图借助苏格拉底的言论而发表自己的看法而言，色诺芬记录的是一个真实的苏格拉底。

色诺芬还写过《居鲁士的教育》，借波斯帝国开国君主居鲁士之名，撰写他自己的政治理想。

晚年色诺芬写了《雅典的收入》，这是一份提供给雅典政府的经济上的建议书，也可看作最早的政治经济学论文。

在柏拉图所著的《克里同》中描述到，雅典的审判官曾经告诉苏格拉底："苏格拉底啊！现在你不应该有这样的骄矜，这是不应当的。雅典生你、养你、教你，又把富足的生活给你，是希望你能成为我们理想中的雅典人，更何况你曾对雅典发过誓。现在你已长大，也了解国家的情况及我们的法律，如果我们的行事，我们的判决，不能让你如意，那么你可以带走你的财产，到你所喜欢的地方。其他人若有这种想法，也可投奔到别的地方或别的国家去，我们决不会禁止；若你没有离去，留在我们的国家里，就必须接受这里法律的判决，了解我们如何处理国政；也就是愿意遵守我们的法律，接受我们的约束，否则，等于犯了下面的三重罪：

（一）雅典赐给你们一切，但你们没有尽到义务，也没有服从雅典的命令。

（二）不服从生你、养你、教你的雅典。

（三）你愿意服从雅典，但没有切实做到。 如果说我们有任何错误，你应该立即提出改革的方法，让法律知道它的错误；但这两者之间，你却不做任何选择。"

雅典的法律在苏格拉底的心中有很重要的影响力，他一心要遵守雅典的法律，这也是他不愿意离开雅典的理由之一。 虽然苏格拉底与伯里克利的政治思想，在一些方面有着不同的看法，但苏格拉底并没有否定雅典的民主政治，相反，他深爱着雅典，这种爱并不是单纯的感情，而是跨越雅典自由、平等的爱。

充满激情的演说

公元前 492—公元前 449 年间的波希战争结束之后，古雅典进入了它的黄金时期。 在公元前 5 世纪至公元前 4 世纪间，在希腊，演讲词发展到了很高的成就。 为什么演讲词在当时达到了如此高的水平呢？ 这是因为演讲在希腊特别是雅典的政治中起到过极为重要的作用。 在古希腊的世界中，演讲是随着古希腊的民主政治共同发展的，同时，奴隶主民主政治的确立，为演讲的发展提供了前提。 当时，政界人士在公民大会、在城邦的主要权力机构五百人议事会，都需要直接发表演讲，阐述自己的政见和主张，以获得听众的支持。 因此，演讲的成败直接关系到演讲人的政治活动的成功。 而要成为当时有影响力的政治活动家，必须先要使自己成为演讲家，而演讲词的质量又是这其中重要的一环。 雅典最繁盛时期的执政官，民主派的领袖伯里克利就是一位很杰出的、威望极高的演讲家。

而一个地域的文化或者思想并不是一天就能够形成的，它是环境、时间和风俗营造出来的。苏格拉底生长在思想、道德观念复杂，战乱不断的雅典，但是他却能保持崇高的道德哲学素养和精神，这是值得人们深思的问题。

雅典卫城

公元前五世纪的古雅典的精神面貌是崇尚自由，雅典人相信只要能崇尚自由，表扬有德行的人，那么，国家一定会繁荣昌盛。希腊人追求的是"波利斯"，即指城邦，含雅典、斯巴达等，并使这种理想能够显现。有了"波利斯"，市民的活动就更为广泛了，生活也将变得自由而惬意，自由人的特性，另一方面则是企盼认知性与思想的成熟。

在这样一个自由的空气中，孕育出一个崭新的文化是必然的。这个全新的文化内涵包括勇气、正义、德行、知性等。这种新精神的代表就是苏格拉底。

伯里克利统治下的时代，是雅典极盛时期。政治上以他为代表人物，但在思想和哲学上则应首推苏格拉底。战争虽然频频爆发，但是文明的种子却生根发芽、茁壮成长。不得不说是这些伟大的人物精心栽培的结果。

在公元前430年的5月上旬，伯罗奔尼撒同盟军再度入侵雅典的阿提卡地域，不久雅典流行瘟疫，许多人都因此死亡。那

古雅典遗迹

时，苏格拉底将近 40 岁。 虽然原因不明的疾病在每一个时代都有可能发生，但是当瘟疫发生在伯罗奔尼撒同盟军总指挥入侵阿提卡之时，却令雅典人方寸大乱。 国内，雅典人面临着瘟疫的困扰，对外，因为战争的炮火，雅典的许多地方都受到了蹂躏。雅典人面临着史无前例的双重困难，挣扎在死亡的边缘线上。伯里克利的政治生涯也面临着考验。

伯里克利的同僚指挥官哈陆隆所率领的 4000 名重装兵，因感染疾病而失去 1050 名，剩余的士兵只好重返雅典。 雅典面临战争与疾病双重考验，土地又不断地遭到战争的破坏。 这一系列的困难，都开始让雅典人责备伯里克利。 他们从根源分析，认为伯里克利的专断导致战争的发生，于是有意与斯巴达人讲和；但是派出去的使者却没有达到讲和的效果，因此，雅典政界对伯里克利更加的不满。

伯里克利为了挽回雅典人对他的信任与尊敬，让他们平静下来，并给他们自信和勇气。 于是，他召开了民主会议，站在讲

苏格拉底

台上，他对所有的雅典人说出了极具感染力的讲话：

"各位！你们已被目前的战争劣势击败了吗？你们若是因此而责备我，是值得原谅的，但是，你们要思考，我为什么要这么做？你们曾经是否在责难我的同时找到适当的理由？

今天，我要强调的是，我们城邦的安危比个人的利益更重要。假如你个人拥有财富、幸福，而你的祖国却危在旦夕，那么你的幸福也不会持久的，终究会消失。但是，假如我们的国家很强盛，而你现在遇到了困难，那么，你也会迟早摆脱困境。所以，我必须再一次强调：我们应该下定决心为我们的城邦牺牲奉献；而且决不能为个人利益而背叛我们的国家。现在，我们只有一条路可以走，那就是同心协力守住我们的土地。

伯利克利

我深爱着这片美丽的土地，我和它之间已经有很深的感情，金钱无法让我背叛它，利益也无法让我投降。一个人如果对事情有不错的判断力，但是却不能付诸实践，那么就等于是纸上谈兵。

一个人既具备正确判断力又能身体力行，固然很好，但如果这种人反对我们国家的话，就会带给雅典更大的祸害。今天，许多人口口声声高呼崇尚道义，背地里却接受贿赂，仅凭这一点，就可能导致亡国。

今天，如果什么事都没有发生过，我们自然有权利选择和平与幸福。相信谁都不愿意打仗，但是，目前只有两种情况可选：其一是屈服并归属他国而成为奴隶；其二是即使面临着最大

苏格拉底
Sugelati

的危险也要获得胜利。 我们必须在这两者之间作一个选择。 而我认为，与其逃避危险，不如面对危险；数十年来，我一直抱定这种想法，并且付诸行动，至今，我仍然没有改变这种想法。

而现在，你们的意志已经动摇了，你们的信心已经不存在了。 在没有开战以前，你们一致同意我的主张；战争开始后，你们却开始后悔，受到自己薄弱意志的影响，开始怀疑我的理论。

战争的残酷清晰地留在每个人的脑海里。 它引起的苦恼，大家都已经感受到了，但是战争的结果谁也料想不到。 在战争中无法预料的突发事件会使人心惶惶，现在各位正面临着这种情形，而疫病的蔓延可能就是最大的原因。

希望大家能把伟大的雅典当成自己的家，并以城邦而自豪，以此激励自己的勇气。

各位！财富才是真正的力量，而地上的财富就像果树园一样，失去了仍会再长出来。 所以，不要难过，只要能保存真正的力量，确保我们的自由，获得最后的胜利，相信失去的一切，不久就可以轻而易举地回来。

各位的祖先，并不是凭空就得到这一切的，而是用自己的力量才拥有的；守住我们的城邦，才有今天的雅典，守不住所带来的屈辱比抢不到所带来的屈辱，更叫人难以忍受。

现在，你们必须守住代表荣誉的雅典，目前，也只有这一条路可走。 如今，你们的义务就是忍受无法忍受的痛苦，才能在历史上留下光辉的一页。 所以，请你们鼓起士气，振奋起你们勇敢的心，争取现在与未来！"

伯里克利的这段话，终于又说服了雅典人，他们又继续服从伯里克利的指示。 但是，不久后，操劳过度的伯里克利就与世长辞了。

伯里克利虽然如此卓越、能干，但仍无法战胜病魔。 伯罗奔尼撒战役开始后，伯里克利只不过又活了两年六个月，就离开人世了，那时正是公元前429年的12月，苏格拉底大约四十一岁。

《英雄传》的作者布鲁塔克曾说过，伯里克利是因感染瘟疫而结束了他的政治生涯。他出任雅典最高领导者的十几年期间，他的政策一直比较保守，而且作风稳健，可能就因为这点，所以能保有如此持久稳固的独裁地位。总之，在他执政的这段期间，他的政治生涯一直很顺利、平静，他的政策是促进雅典民主自由。

伯里克利颇有见识，从他的演讲和辩论中，可以看出他对城邦的热爱，他愿意将自己与城邦融为一体。他不受金钱的诱惑，也确实做到了"富贵不能淫"。这是伯里克利的三个优点，也是一个民主政治家必须具备的三个条件。在当时的西方世界，可能只有伯里克利具备这些条件。

在伯里克利死后，雅典就急速地衰退，当然，在伯里克利未过世之前，雅典的衰落就出现了某些征兆。其主要表现之一是有一小群政治家，专门反对伯里克利的主张，例如，以演说著名的狄米特禾斯，及克利温、阿尔喀比亚德等人，这些人不顾大局，专门在暗中捣鬼，他们是一群急功近利，只注意蝇头小利没有远见的人。而有一些小事情，在关键的时刻可以扭转乾坤。因此，一名真正成功的政治家绝不应该忽略这些小事，应做到防微杜渐。除此之外，一个政治家还必须有洞悉大局的眼光，拟定未来的计划，将国家领导至富强之途，但是，在伯里克利死了之后的政治家，就没有这些才能了。这些后来的政治家才能都比较平庸。关于伯里克利，与他同时代的某喜剧诗人喜欢讽刺他，称他为希腊神话中最高的神宙斯；又由于伯里克利辩论的技巧极高，演讲词极有雄辩性和说服力，因此讥讽他为"希腊第一长舌"。但从相反视角来审察人们对伯里克利的评论，是因为人们敬畏他，其中含有颂扬的成分。

在伯里克利死后，雅典就经常被伯罗奔尼撒军打败，只有一次打胜的纪录，雅典过去的辉煌一去不复返，雅典过去灿烂的黄金时代已不再出现。但过往的光荣都是在力量和财富的基础上取得的，而这种光荣却在另一方面开花、结果，这就表现在文化、艺术、思想及哲学等各个领域内。从哲学领域来说，苏格拉底、柏拉图，亚里士多德，这三位巨人在哲学方面的建树，形成了古代希腊哲学的黄金时代，与之相应的是，自伯里克利死后是雅典日益衰落。

我们虽然不能说他们是伯里克利留下的"遗产"，但是他们是受益于伯里克利的学人。柏拉图是苏格拉底的高足，当然继承其师的衣钵，也可以说直接间接受益于伯里克利及他的那个时期。至于亚里士多德，他是柏拉图的高足，可以说是苏格拉底的再传弟子，他当然受到伯里克利的影响。若没有爱奥尼亚的哲学、伯里克利时代，及雅典人流血流汗得来的宝贵经验，苏格拉底不可能获得后人如此多的推崇。

伯里克利在文治武功方面的积淀与古希腊哲学的黄金时代是有密切关系的，苏格拉底是亲聆伯里克利教谕的。若从苏格拉底、柏拉图及亚里士多德所形成的古希腊哲学的黄金时代而

亚里士多德（右）与柏拉图（左）

★★★★★★★★★★★★
资料链接
★★★★★★★★★★★★

爱奥尼亚学派

爱奥尼亚学派是由米利都的泰勒斯所创立，泰勒斯被誉为"七贤之首"、"希腊哲学之父"和"希腊科学之父"。

爱奥尼亚学派是通过大胆的思索和猜想，认为一切表面现象的千变万化之中始终有不会改变的东西，即我们常说的万变不离其宗，就是最本质的东西不会改变。爱奥尼亚学派抛弃了古老的神话传说，试图用合理的解释代替诗人的想象和神圣的神秘的力量，敢于用人类的理智来面对宇宙。当然这种观点不是来源于广泛的细微的科学研究的结果，而是来自一系列大胆思索、巧妙的猜测和聪敏的直观。尽管如此，爱奥尼亚学派的这种自然哲学也可算作理性主义的早期表现。

古希腊哲学总是围绕着"一"与"多"的问题在打转。希腊哲学发展的初期，已经有了"一"的观念。贤哲之士从实体的连续变化历程及生死的交替更迭中，想到宇宙有一共同的本原，看出了必有某种永恒之物，那就是最初的本原物。因此，爱奥尼亚的哲学或宇宙论主要是想尝试决定万物的原始因素或原质。泰勒斯宣称那种原始物质是水，阿那克西美尼认为是气，赫拉克利则说是火。在这个决定的过程中用的不是科学或实验的方法，而是慎思明辨的理性，是直观到宇宙的同一。他们对"万物是一"及"原质"的肯定，是由理性或思想所指导的，而非仅仅出自想象或神话，因此被称为

Sugeladi 苏格拉底

欧洲的第一批哲学家。

　　而爱奥尼亚学派的创始人泰勒斯对数学有划时代的贡献。他开始了命题的证明。他是第一个几何学家，确立并证明了第一批几何定理。如直角都相等、对顶角相等，等腰三角形的底角相等，直径等分圆周、圆周角定理，以及泰勒斯定理；如果两个三角形有一边及这边上的两角对应相等，那么这两三角形全等。他还利用金字塔的影长测量金字塔的高度。传说他还预测了公元前585年5月28日的日食，并以此化解了一场战争。

苏格拉底

前期生涯

　　我到处走动，没有做别的，只是要求你们，不分老少，不要只照顾你们的肉体，而要保护你们的灵魂。

——苏格拉底

家庭背景

关于苏格拉底出生的确切年、月、日，在历史上并没有留下准确无误的记载。 虽然如此，但是关于苏格拉底的出生已经得到了大部分史学家的认可。 他们认为苏格拉底是在公元前496年出生于雅典的爱罗匹格区。 这一段时期是雅典极为昌盛繁荣的时期。 但是人们为何认定苏格拉底出生在爱罗匹格区呢？ 关于这一点，苏格拉底的弟子柏拉图在他的《泰阿泰德篇》中有记述："他（指苏格拉底）是雅典爱罗匹格区的一位公民。"关于这一点，是第欧根尼·拉尔修在他的《名哲言行录》第2卷第18节记述的转引。 还有与苏格拉底同年出生的克里同，也是出生在这个区。 他们两人是生死之交。

关于雅典城邦的各个区是这样产生的：雅典民主政治的开创人克利斯梯尼改革以后，在雅典建立了许多区，在改革前，人们称呼新出生的孩子是"某某人的孩子"，但是改革后，人们开始以"某某区的某某人的儿子"，来称呼新生儿。 总之，苏格拉底是在波希战争的中末期诞生的。

苏西德地斯在《历史》一书中，曾说波希战争是以两个海战与两个陆战一决胜负的，这是指萨拉密斯与密禾卡雷的海战，及塔陆摩提拉与普拉第亚的陆战。 在普拉第亚，使用长矛的雅典兵占尽优势，压倒了波斯的弓箭兵。 这场决定性胜利之后的第九年，苏格拉底就诞生了。

最早推测苏格拉底生于公元前469年的人是柏拉图，根据他的解释，苏格拉底在雅典被处死的那一年，是公元前399年，这时他正是七十岁，由此倒算回去，就是公元前469年了。

公元二世纪至三世纪的传记作家第欧根尼·拉尔修在他的《名哲言行录》一书的第2卷的第44节中论述道："他（指的是苏格拉底）在阿帕雪丰任执政官时，生于第77届奥林比亚赛会第4年，塔尔盖利翁月的第6天。"古希腊时期的历法中塔尔盖利翁月，是现在历法中5—6月间。这个月，塔尔盖利翁月的第6—7天是塔尔盖利翁节，这是献祭阿波罗神的节日。就是这一天，"当时正值雅典公民为本城邦

柏拉图

做净化仪式"。"他（指苏格拉底）死于第95届奥林比亚赛会的第一年，享年70岁"。这样算的话，苏格拉底出生的时间也是公元前496年。因此，说苏格拉底出生于公元前496年应该是没有什么错误的。

在波希战争结束后，雅典执政官伯里克利完善了民主政治制度，并且建立了强大的海军，积极发展海上霸权，统协提洛同盟诸邦，并迅速成为海上霸主。苏格拉底在青少年时代经历并目睹了雅典这些辉煌的成就。悲剧诗人索福克勒斯和欧里庇得斯的动人悲剧、艺术家菲狄亚斯的优美雕像、波吕格诺托斯壮丽辉煌的壁画等，都曾让少年苏格拉底深深着迷，这些都陶冶了他的精神和思想。当苏格拉底步入晚年的时候，一次与伯里克利的儿子小伯里克利谈话时还对雅典那时的辉煌充满怀念。苏格拉

底说："没有一个民族能像雅典人那样为祖先的光辉历史而感到如此的自豪，很多人受到激励和鼓舞，培养出了坚毅果断的美好品格，成为勇敢的人。 他们不但靠着自己的力量和整个亚细亚以及一直到马其顿的欧罗巴霸主进行斗争，而且还和伯罗奔尼撒人一道扬威于陆地和海上。"这是色诺芬在《回忆苏格拉底》时所说的话语。 由此可见，他对雅典盛世的怀念。 苏格拉底生长在古雅典最为辉煌的时期，在如此浓郁的文化氛围中，少年的苏格拉底受到了良好的教育，且学习到了丰富而广阔的知识。 在很少记载苏格拉底少年时代的文献里我们大致可以看到他的一些事情。 如柏拉图在对话录《克里同篇》中记述了苏格拉底谈到自己的一些弟子像他一样从小就在雅典城邦受到了良好的教育。 而第欧根尼·拉尔修也曾说，苏格拉底曾向伯里克利的老师达蒙学习过音乐。 色诺芬在他的《回忆苏格拉底》一书的第4卷第7章中记述道，苏格拉底学习过几何、算术和天文等学科，他晚年还教导他的学生，说这些学科是有意义的，让他们认真学习。 第欧根尼·拉尔修还记述到"他（指苏格拉底）和欧里庇得斯都曾经是阿那克萨格拉斯的入室弟子"。 但是这一段记载可能有误，因为在苏格拉底19岁那年，阿那克萨格拉斯已经被逐出了雅典，去了克拉佐美尼。 但在历史文献中没有关于苏格拉底去过克拉佐美尼的记载。 随后第欧根尼·拉文修又说"苏格拉底成为自然哲学家阿耳凯劳斯的弟子。 亚里士多德的弟子阿里斯托克塞诺斯说苏格拉底和自然哲学家阿耳凯劳斯关系很是亲密。"因此，这一记录的真实性可能很大。 因为亚里士多德两名弟子阿里斯托克塞诺斯和忒俄弗剌斯托斯，都曾断言苏格拉底在17岁时即追随阿耳凯劳斯，并且相处很久。 他们都说，苏格拉底是阿耳凯劳斯学派中的一名成员。 另外，第欧根尼·拉尔修还写道："苏格拉底还很年轻时就和阿耳凯劳斯一起离开雅典去过萨摩斯岛。"他为什么去那里呢？ 萨摩斯岛是小亚细亚邻近米利都的一个岛邦。 当苏格拉底29岁时，萨摩斯发生叛乱。 阿耳凯劳斯与苏格拉底被命令派去参加封锁的。 自然哲学家阿耳凯劳斯是阿那克萨格拉斯的弟子，他注重伦理研究。 阿耳凯劳斯对苏格拉底早年思想、学说等方面的形成及转变都有较大的影响。 这在文献中都有记载。

公元前 444 年，普罗泰戈拉和苏格拉底有过一场辩论。 在柏拉图的对话录《普罗泰戈拉篇》中记述了这件事。 智者普罗泰戈拉最后说道：“在你的同龄人中，我还从未看见过像你这样让我佩服的人。 现在我说，你即将成为哲学界最伟大的人物之一，这绝对不会让我惊讶。”

在当时还有一个名叫普罗狄科斯的智者，他主要讲授词义的区分命题。 苏格拉底十分赞赏他的学识。 苏格拉底曾听过他有关文法和语言的廉价课程。 在柏拉图的《普罗泰戈拉篇》中，苏格拉底说：“我渴望听普罗狄科斯讲话，他是一个有着完美智慧的人。”苏格拉底还和其他人辩论和交往过。 如自诩学识渊博的希庇亚、著名的修辞学家高尔吉亚、宣扬强权政治的塞拉西马柯以及诡辩家欧绪德谟

柏拉图

等。 柏拉图记载的早期有关苏格拉底的对话录，都是以上述这些人的名字作为片名的，篇中记载了他们之间的辩论。

伯罗奔尼撒战争是公元前 431 年爆发的，在这场战争爆发的前后，已经有不少的追随者围绕在苏格拉底的身边，学习他的哲学思想。

如犬儒学派的创建人安提斯泰尼就仰慕苏格拉底的盛名从居勒尼到雅典就跟随苏格拉底学习。 还有来自埃利斯、佛利岛、底比斯等地的门人及普罗泰戈斯学派中仰慕苏格拉底的学人也都跟随苏格拉底学习过。

一直跟随苏格拉底的开瑞丰还在曾跑到德尔菲神庙去祈求神示：问是否还有比苏格拉底更有智慧的人。这都表明，苏格拉底在当时的哲学界已经是一位十分杰出的人物了。

伯罗奔尼撒

古希腊喜剧诗人阿里斯托芬所写的喜剧《云》于公元前423年上演，剧中的苏格拉底是漫画式的人物，他俨然是"思想所"主管，仰慕他的求知者从来没有间断过。这些虽然有夸张讽刺的意味，但也是以一部分的事实作为基础。从中我们也可以看到，苏格拉底在当时的声望如何。

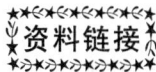

✿资料链接✿

阿里斯托芬

阿里斯托芬是著名的古希腊喜剧作家，他是古希腊喜剧尤其是旧喜剧代表。由于史料有限，所以关于阿里斯托芬的一生，我们知道的很少。史学家认为他大约在公元前448年出生于雅典的一个市区。他的父亲名字可能是腓利普斯。从公元前430年至公元前428年，阿里斯托芬受到良好的戏剧教育，从此以后，他开始创作剧本。但最开始的剧本都是匿名发表的，他一生写了44部剧，其中11部完整地保留下来，但有四部被质疑不是他的作品。

阿里斯托芬的作品一般都涉及当时希腊著名的人或者事件，他对这些加以戏剧加工和增加很强的幽默感。他也经常引用其他诗人（如

苏格拉底
Sugeladi

欧里庇得斯）的作品，对苏格拉底等人进行批评，甚至于嘲弄。他尤其与克利翁很敌对。他在公元前426年的作品《巴比伦人》中对克利翁的描写导致了克利翁以诬蔑城邦的罪名控告他，最后失败。两年后，克利翁又试图剥夺他雅典公民的权利，但没有成功。

阿里斯托芬的作品多次在希腊举行的比赛中获得第一名，已知的有六次第一名，四次第二

阿里斯托芬和索福克勒斯双胸头像

名。他的喜剧《蛙》（公元前405年）被允许在公元前404年再次参加同一比赛，这在希腊是一个极高的荣誉。公元前390年他通过抓采被任命为首席执政官。

阿里斯托芬的三个儿子也都是喜剧作家。大约在公元前385年，阿里斯托芬在雅典逝世。阿里斯托芬死后，柏拉图在他的作品《会饮篇》中将他作为人物之一。柏拉图在《苏格拉底的申辩》中宣称，苏格拉底被起诉与阿里斯托芬的喜剧《云》有关。阿里斯托芬的作品不仅在希腊的当时，而且在罗马和亚历山大港都获得欢迎。它们对欧洲的政治幽默（特别是英国文学）也有影响。歌德加工了阿里斯托芬的《鸟》，并在其前言中称阿里斯托芬为"优雅宠幸的顽童"。海因里希·海涅在他的《德国，一个冬天的童话》中称阿里斯托芬为一名伟大的剧作家。1960年一颗小行星2934被以阿里斯托芬命名。

父 母

在历史文献中，关于苏格拉底的双亲一般都这样记载：苏格拉底的父亲叫索福罗尼斯克斯，母亲叫菲安娜蕾蒂。

历史文献中说，苏格拉底的父亲索福罗尼斯克斯住在雅典的爱罗匹格区，可能是一位雕刻家，因为他和当地有名望的阿里斯第底斯走得很近，所以，在爱罗匹格区生活的人们都对苏格拉底的父亲索福罗尼斯克斯另眼相看。苏格拉底曾开玩笑地说："我是德狄勒斯的子孙"。德狄勒斯是雕刻家的先祖，所以许多人都猜测，索福罗尼斯克斯可能是工人、雕刻师或石工之一。

而苏格拉底的母亲菲安娜蕾蒂则是一位助产师，她的助产技术似乎十分高超。她与索福罗尼斯克斯未结婚前，曾经有过一段婚姻，并生有一子，叫巴德罗克斯。

但是我们不能因为苏格拉底的父母是工人与接生婆就说他的家境贫穷。Ａ·Ｅ·泰勒，在《苏格拉底》一书中提到，从菲安娜蕾蒂这个名字看来，她是出生于良好家庭的女子，由此可见苏格拉底诞生时，他的家境不但不会很差，而且很可能有一些社会地位和财富。

另外，柏拉图在对话录《克里同》中说到，苏格拉底的父亲很注重教育，尤其是在体育和音乐方面，拥有很高的天赋。他鼓励苏格拉底去学习这些学科。假如，这些记载都是真的话，那么苏格拉底所学到的东西就不仅仅是音乐而已了。因为在当时的希腊，所谓的音乐指是由希腊神话里神谬司专门管理的文学、艺术、歌剧、诗、天文、科学等学科。所以，苏格拉底不仅有哲学的素养，也有相当的艺术贡献。如果他的家境不是很好，他又从哪里得到学习的机会呢？

苏格拉底在公元前424年当上重甲兵。重甲兵是一种装备齐全的步兵，必须花费不少钱来买这些装备，由此可知，少年时的苏格拉底的家境应该是很不错的，虽然那时苏格拉底已经46岁了，但是物质生活不应匮乏。

还有一个问题就是，苏格拉底的名字意义是什么呢？他的父母为何为他取名为"苏格拉底"？在雅典，有许多人的名字是根据神的名字来命名的，但是人们是不会以含有不好征兆的神的名字来为新生儿命名的，如埃及的死神阿努比斯，虽然他受到人们的尊敬，但是却不能用他的名字来为新生儿取名。有时，人们还可以用一个女神的名字来给小男孩取名，反之也可用男性神的名字来为女孩取名。在雅典，一般人的后面是其父名（属格形式），在其后是籍贯（也用属格）。排列形式就是某某地方、某某人的子（女）——某某。以"苏格拉底"为例，即是：爱罗远格区的索福罗尼斯科斯的儿子苏格拉底。

★★★✧✧✧✧★★★
资料链接
★★★❀✿✿✿❀★★★

阿努比斯

阿努比斯一般被称为胡狼神，他是古埃及神话中的死神，有时也被人看成是地狱之神。在古埃及神话中，他是赛特与奈芙蒂斯的儿子。

阿努比斯长有胡狼的头，胡狼是他的象征。这个胡狼的形象是与他在神话中的角色息息相关的。因为胡狼是一种食腐动物，是尸体的清除者。阿努比斯同时也被看做是死者的守护者。在一些艺术作品中，阿努比斯被描绘为一位长着胡狼头的男性，竖着耳朵，手执一根鞭子。

阿努比斯最初是冥界之王，然而随着对埃及神话中新冥王欧西里斯崇拜的产

埃及死神阿努比斯

生，他变成了看门人。作为看门人，阿努比斯的主要职责是：将死者的灵魂与玛特的羽毛在天平上对比。如果灵魂与羽毛一样轻，或比羽毛还轻，阿努比斯就带他去见冥王欧西里斯，否则则将他喂给一只长

苏格拉底
Sugelaan

着鳄鱼头、狮子的上身和河马后腿的怪物"阿米特"。

　　但是，阿努比斯的样子为什么会像胡狼呢？很可能是因为远古人常在坟地看到胡狼拖出尸体，直觉认为它与人死后遭遇有关，因此心中敬畏，于是认为尸体保护神就应该长成这个样子。

　　在古希腊，妇女或者奴隶一般只有单一的名字。如果需要，则可以有父亲、丈夫或主人的名字来限制，由此表示此一妇女或奴隶的归属或依靠。而自由人都用自己的名字作为姓氏，而以其主人的名字为自己的名字。

　　撰写《回忆苏格拉底》一书的历史学家色诺芬的全部姓名是雅典的（人）格吕洛斯之子色诺芬。为什么要在名字之前加上限定成分呢？目的就是使之与同名字的人区分开，否则容易混淆。再有，古希腊人的名字一般都含有某种意思。而苏格拉底，其名字"苏格拉底"含义即"健康的力量"，表达了苏格拉底的双亲对他的期望。而苏格拉底的一生也都是坚韧不拔的，充分的体现了他的名字的含义。

幼年、少年时代

　　苏格拉底的幼年和少年的生活情况，由于没有详尽的历史资料，所以，我们无法详尽地了解他的幼年和少年的生活。有的资料上说，苏格拉底从未受到任何人的指导，这引起了许多历史学家的争论。虽然我们无法判断这一点的真假，但是我们可以肯定的是，苏格拉底是公元前五世纪最伟大的教师。

　　公元前461年，苏格拉底已经9岁了，在他周围发生的事必然对他有所影响，对他的思想的形成也必然产生过作用。有人说苏格拉底幼年及少年时期并没有专人对他进行教导，若真的是这样，那么公元前 5 世纪前半叶雅典社会的各方面就是苏格拉底学习的教师。 这段时期，雅典各个方面都是光辉伟大的。 如果苏格拉底幼少年时期真无专人教导，那么，雅典的璀璨的文化就是使得苏格拉底成为哲人的先决条件。 首先，当时人才辈出，例如三位伟大悲剧诗人中最年长的一位埃斯库罗斯（公元前 525—公元前 456 年），他去世时，苏格拉底才 40 岁。 另外两位伟大诗人索福克勒斯（公元前 496—公元前 406 年）较苏格拉底只长二十几岁；再有，即三位伟大悲剧诗人中最年幼的一位，生于公元前 485—公元前 484 年的冬天，当时正是希腊战胜波斯的日子。 这位悲剧诗人较苏格拉底只年长十多岁。 雅典伟大的政治家伯里克利较苏格拉底也不过年长二十五六岁。 埃斯库罗斯的爱国剧《波斯人》上演的费用，完全是伯里克利负担的。埃斯库罗斯的另一出剧《阿伽门农》，内容主要描写特洛伊战争中希腊军的统帅阿伽门农，公元前 458 年上演，获头奖。 当时苏格拉底已 11 岁，这出剧上演，他观看过是无疑的了。 另外两位悲剧诗人的剧作，也被苏格拉底接触过是极有可能的。 再有，在苏格拉底的幼少时期，在这位未来的哲人的眼前还展现过当时伟大雕刻家菲狄亚斯的作品、画家波吕格诺托斯的辉煌壁画，当时在雅典还有不少雄伟的建筑，所有这些伟大的艺术品都完整无缺地矗立在雅典城里，它们必然给予幼少时期的苏格拉底极深的印象。 这些都是令雅典人引以为傲的灿烂历史。 这些伟大而精美的艺术品以完整的姿态出现在苏格拉底的面前，它们一定带给苏格拉底很大的震撼。

★∾★∾★∾★∾★
♥资料链接♥
★∾★∾★∾★∾★

埃斯库罗斯

埃斯库罗斯是于公元前 525 年出生于希腊阿提卡的埃琉西斯。 埃斯库罗斯青年时期是在希皮阿斯的暴政下度过。 他在希波战争期间参加过马拉松战役和萨拉米斯战役，他拥护希腊民主制。他曾多次去西西里，公元前 458 年以后不久重赴西西里，最后死在西西里岛南部的革拉城。他是古希腊悲剧诗人，与索福克勒斯和欧里庇得斯一起被称为是古希腊最伟大的悲剧作家，有"悲剧之父"、"有强烈倾向的诗人"的美誉。

公元前 472 年埃斯库罗斯回到雅典，他的《波斯人》首次在雅典上演，这是他对自己过去和战争的回忆。这部剧赢得了诗人比赛的最高

悲剧诗人埃斯库罗斯

奖。公元前 468 年他输在索福克勒斯手下，但他一生中一共赢得了 13 次雅典诗人比赛的最佳奖质。

埃斯库罗斯最后一次去西西里时没有能够及时回到雅典，传说他是被一只从天空上掉下来的乌龟砸死的。他被葬在格拉，他的墓碑上写着：

"墓碑下安睡着雅典人埃斯库罗斯，欧福里翁之子，在丰饶的格拉

阿伽门农面具

死亡战胜了他。但马拉松的战场可以证明他的勇敢，连长发的米底人也得承认。"

这段墓志铭是由埃斯库罗斯亲自撰写的。埃斯库罗斯一共写下了 90 部剧作，其中 79 部的名称流传下来了，但是其中最著名的 20 部都遗失了。他的悲剧有七部完整地流传到现在，另外三部部分保留了下来。他早年的作品叙述相当简

单，他晚年的悲剧的戏剧性非常浓厚。

《阿伽门农》、《奠酒人》、《善好者》三部合称为《俄瑞斯忒亚》三部曲，均于公元前458年上演。

埃斯库罗斯的悲剧大部分取材于神话，喜欢用三联剧形式创作，衔接严谨，由于埃斯库罗斯的创作尚属希腊悲剧早期发展阶段，开创了真正的戏剧对话，因而他被誉为希腊悲剧的创始人。

公元前406年阿里斯多芬在与欧里庇得斯比赛竞争时，在他的喜剧《青蛙》中称埃斯库罗斯是高贵的时代的代表和悲剧诗人的榜样。公元前4世纪中埃斯库罗斯的塑像与索福克勒斯和欧里庇得斯的雕像并列在狄俄尼索斯剧院前。

A·E泰勒曾说过："海上霸主雅典成长期的提诺斯同盟，在苏格拉底出生的十年前，就已成立了。这个同盟是亚细亚以及爱琴海诸岛的希腊人，为了皇位而组织的，雅典被选为盟主。如果要抵抗波斯的入侵，那么必须有强大的舰队。在这些同盟国里，强大的国家提供船只与船员，其他各国则以钱财来支援。同盟国的基金，由提洛岛的阿波罗神殿负责保管，所以叫做提诺斯同盟。公元前461年，伯里克利的民主政治基础已经巩固，苏格拉底在那时也已经懂事，他已经可以注意到周围所发生的一切。"

对于年少的苏格拉底来说，他所面临的时代太过激烈。既有积极向上的一面，又有矛盾尖锐化的另一面，但是他始终抱着坚强不屈的信念，追求清高、朴实、善良的人生。对普通人而言，这些理想也许太过于崇高了，但是这份决心在苏格拉底心中萌芽、生长，虽然面临时代的考验与冲击，他仍旧保持着自己初衷，并严格的要求自己，毫不动摇地朝着心中的圣地前进。

人类此时正处在这个伟大与残酷交汇的时代里，如果不坚持自己的时代方向，那么未来又有谁可以主宰？年少的苏格拉底胸怀大志全力以赴，由他年少时代的努力，我们不难看出，他所拥有的光辉灿烂的未来。

青年时代

希腊的神论说，苏格拉底是希腊境内最聪明的人，人们也承认他的智慧超过一般人。 但是他青年时期的人生经历，却没有被人们记录下来。 因此，人们对青年时期的苏格拉底的人生轨迹十分不了解。

有人说，苏格拉底继承了他父亲索福罗尼斯克斯的工作，也成为一名雕刻师，可是，这是在苏格拉底多大时发生的事却没有记载，因此这个说法由于没有充足的证据而被人们否定。 著名的旅行家毛沙尼亚斯，在纪元后二世纪时写的一本书——《希腊旅游介绍》中提到，阿库拉普利斯入口有一尊"美丽的女神像"，传说是苏格拉底的杰作，但是直到现在，历史学家也无法肯定这个说法是否准确。 另外，传记作家第欧根尼·拉尔修在他的《名哲言行录》的第 2 卷第 19 节中指出，陈放在雅典卫城上的一组着衣美神的雕像是苏格拉底的作品。 但这个记载不确切，经考古证明，雕像的作者虽也名"苏格拉底"，但他比爱罗格克区索福罗尼斯科斯之子苏格拉底要早，虽是同名，但并不是同一人。

苏格拉底是一位伟大的哲学家，那么也应该留下许多关于他的传说和轶事。 有些传说也许并不是凭空杜撰，而具有某些可信度。 我们今天只能从传说中大约看到苏格拉底年轻时的情形。 比如，有人说苏格拉底是专放高利贷的人，可是，喜剧作家阿里斯多芬尼斯曾以苏格拉底的事迹作为喜剧的素材，写了一出名叫《云》的剧本，其中并没有提到苏格拉底是放高利贷的人。 因此，说苏格拉底是一个专门放高利贷的人可能是错误的。 因为阿里斯多芬尼斯的《云》是在公元前 423 年上演，当时苏格拉底还活在世上，也可能看过《云》的演出。 若苏格拉底放高利贷果有其事，阿里斯多芬尼斯要嘲讽苏格拉底不可能不提及此事，以此破坏苏格拉底的名气。 可是《云》没有这样的情节，所以关于苏格拉底放高利贷一说就不可信了。 诸多矛盾的说法使得苏格拉底的青年期一直是个谜团。

公元前446年，雅典和伯罗奔尼撒同盟订立了"三十年和约"，雅典的执政官伯里克利正在日臻完善雅典的民主政治制度。 此时，苏格拉底29岁，正值青年。 据说，苏格拉底在青壮年时期，和当时雅典的名流多有交往。 苏格拉底在与他们的交往中崭露头角，人们对他的才智已经知晓，于是他的声誉渐起。 另外，在这段时间里，苏格拉底与伯里克利的情妇阿丝帕希娅过于亲密。 她在雅典主持文化沙龙，苏格拉底经常出入其间。 后来，苏格拉底对于这段美好丰富的文化生活一直很难忘记，他时常回忆起，并对阿丝帕希娅赞不绝口。 再有，苏格拉底青年时期曾和爱利亚学派的巴门尼德斯和芝诺两位学者有过接触。 苏格拉底是在他们访问雅典时与他们见面的。 当时，苏格拉底对芝诺的辩证法很熟悉，他称誉芝诺是"辩证法的大师"。 此外，年轻时的苏格拉底还与如智者普罗泰戈拉会晤过。 普罗泰戈拉在公元前444年访问雅典时，苏格拉底会见了他。 普罗泰戈拉称赞苏格拉底是他在与苏格拉底同龄人中见到过的最让他欣赏的人。 还说苏格拉底假如有一日成为哲学界的领头羊之一时，他绝对不会惊讶。

★★★资料链接★★★

古希腊的辩证法

辩证法是关于自然、社会和思维运动与发展的普遍规律的哲学学说，是科学的世界观和方法论。 "辩证法"一词源于古希腊文，它的概念演变经历了三个时期：古希腊的辩证法概念，德国古典哲学中的辩证法概念和马克思主义的辩证法概念。

最初的"辩证法"是由公元前5世纪爱利亚学派的哲学家E.芝诺创立的。爱利亚学派的芝诺认为存在是"不动的","只有唯一不动的存在"才是真实的,如果承认事物的多样性和运动就会陷入矛盾,承认"多"的存在,就会陷入无限大和无限小的矛盾。为此他作了"飞箭不动"的论证,即任何事物在和它相对的时间里是静止不动的。他否认运动的不间断性,从而否认了运动。但这一论证在客观上却接触到了运动本身所包含的间断性与不间断性的矛盾,原则上假设了空间与时间是可以无限分割的。芝诺的其他论证,也采用类似的方法。他的论辩方法也就是最初意义的"辩证法"。所以,亚里士多德称芝诺是"辩证法的创立者"。芝诺的辩证法有两方面的含义:①思维自身的矛盾运动和这种运动对于对象自身矛盾的接触;②通过揭露对方论点中的矛盾而探求问题的方法。

公元前5世纪,古希腊哲学各派的哲学家比较注重于争论的技巧和方法。在谈话和论争中,哲学家们把论证和分析命题中的矛盾,以及揭露和克服对方论断中的矛盾以求得真理的方法,叫做辩证法。苏格拉底的辩证法是以提问的方式揭露对方提出的问题中的矛盾,以动摇对方论证的基础;而承认自己无知,不给予正面的回答,被称为"苏格拉底的讽刺"。这是西方哲学史上最早的辩证法的形式。柏拉图对话第一次运用"辩证法"这一概念。亚里士多德认为辩证法既作为"研究实体的属性"、"揭露对象自身中的矛盾"的方法,又作为形成概念、下定义和检查定义是否正确的方法。

由此可见,苏格拉底在青年时期的才华就很出众了,关于以上所说的两件事情,苏格拉底的弟子柏拉图在他的对话录《巴门尼德篇》及《普罗泰戈拉篇》中都各有记述。另外,柏拉图在某些以智者名字为篇名的著作中各自记述了苏格拉底曾听过普罗狄科斯关于文法和语言收费不多的课程,以及他和智者希庇亚、高尔吉亚、塞拉西马柯及欧绪德谟的交往及论辩。由于苏格拉底很熟悉这些智者的学说,因此和他们辩论的时候,常常能切中他们的要害,将对方驳倒。以上这些,足以说明苏格拉底在年轻时就很有作为，所以他才能成为影响后世很深的伟大哲学家。

神秘的爱

爱情是每一个人生长到一定的年龄都十分期盼的事情。而青年的苏格拉底在这段美好的时间中有着怎样的浪漫的爱情呢？现在，我们能查到有关苏格拉底爱情的文献很少，只知道他经常参加伯里克利的情妇阿丝帕希娅所主持的文化沙龙。虽然他对这一段往事一直难以忘怀，对阿丝帕蒂娅也时有赞扬，但他们之间还有没有什么更为密切的关系呢？这些都无文献可查。人们只知道苏格拉底结过两次婚。他的第一次婚姻娶的是法官亚里斯狄德的女儿密尔多，她没有带来什么陪嫁。至于苏格拉底结婚时双方的年龄有多大，他们婚后的生活又是怎样，我们就不清楚了。而他的第二次婚姻将在下一章叙述到。

爱情以及与异性间的关系对苏格拉底来说，十分的不同。当他已经七十高龄时，却还有个襁褓中的孩子，如果说，他对男女间的性爱，抱着非常纯然的看法，那似乎又不太正确。但在当时雅典那种混乱不堪的社会里，他又是出名的节制家，所以，在这种混乱的时代，苏格拉底在感情上是否一直始终如一，我们就不能肯定了。

苏格拉底相信灵魂的独立而且不灭，如果按照这个逻辑加以推敲，苏格拉底的生活应该是很单纯的，他天性善良，他关心所有地下、天上的事情，所以，对于性爱不可能漠不关心。总之，苏格拉底是一位神秘人物，他的性爱似乎夹杂于神秘与欲望的气氛里，也就是传说的同性恋。柏拉图在《会饮篇》中，曾经提过这点。而在古希腊，尤其是在雅典，两性之间的爱情当然被视作正途，但当时却有一种风尚，即同性恋被认为是一种可以增进英雄主义的德行。 而苏格拉底正处于那样的时代，当然不可能不沾染这样的癖好——同性恋。 它就是苏格拉底与阿尔喀比亚德间的关系。 当然，苏格拉底与阿尔喀比亚德间的交往多是遭人非议的，也多是神秘的。 他们的交往情形至今仍被人议论纷纷，莫衷一是，这的确是一件十分神秘的事件。

　　阿尔喀比亚德是一位美男子。 根据柏拉图在《会饮篇》中关于此人的记述，他和苏格拉底曾一起参加过公元前431—公元前 430 年间的波提狄亚战役。 那时，阿尔喀比亚德正处于青年时期，而苏格拉底已经三十六七岁了，他比阿尔喀比亚德要年长 15 岁到20 岁。 其实，在此之前，苏格拉底就已经认识阿尔喀比亚德了，那时阿尔喀比亚德还是一位少年。 苏格拉底对美是执著追求的，这种美包括人的外貌的美、体型的美，这些在

苏格拉底与阿喀比亚德神秘的爱

阿尔喀比亚德的身上都完全具备。 这自然是苏格拉底所喜好的。 他以一颗炽热的心面对阿尔喀比亚德，而他在道德上则是绝对高贵的、纯洁的。 尽管苏格拉底和阿尔喀比亚德之间感情很深，但苏格拉底反对沦为身体间的肉欲，他将这种同性之间的爱看作是一种通达真善美的精神力量。 苏格拉底强调同性间灵魂的爱，并且要将当时同性爱这种风尚作为一种对青年人进行道德陶冶的手段。 色诺芬在他的《回忆苏格拉底》的第 1 卷第 3章的 12 及 13 节中也谈到苏格拉底有关对同性恋的看法：苏格拉底认为那种对肉欲的追求是极其错误的，并斥之为"毒蜘蛛对人

接吻，会使人感到极大痛苦而失去知觉"。 "至于苏格拉底本人，他对这类事情是非常有操守的，即使对最青春美貌的人，他也泰然自若，不为所动"。

苏格拉底的爱是比较浪漫的，柏拉图在《会饮篇》中说，苏格拉底对美丽的外貌着迷，甚至到达狂恋的地步。 苏格拉底会用一颗炽热单纯的心面对他所喜欢、欣赏的人，但在道德上一定是纯洁的。 阿尔喀比亚德以为，苏格拉底对他的美貌狂恋不已，所以觉得十分幸运。 他相信只要顺从苏格拉底的意思，那么他一定可以从苏格拉底的心中发掘出不少珍贵的东西。

因此，阿尔喀比亚德想尽办法来对苏格拉底展开工作，不达目的誓不罢休。 所以，阿尔喀比亚德经常借着与苏格拉底相处时，竭力向他献媚，以得到苏格拉底的欢心。 他经常邀请苏格拉底一起吃饭，但苏格拉底并未立即答应，实在对阿尔喀比亚德多次的诚心邀请不便再推辞时，才应邀出席。 而吃过饭后，苏格拉底通常想马上离去，但是阿尔喀比亚德总是以聊得很晚为借口，让苏格拉底留在他家，甚至让他在家里过夜。

有一次，阿尔喀比亚德告诉苏格拉底："你最适合当我的爱人，但是你犹豫不决，不把心中所想的事告诉我，那些与你想法不符合的事，我尽量不去想。 对我来说，没有什么比成为更完美的人更重要的了，只有你最适合成为支持我的人。"

苏格拉底回答说："亲爱的阿尔喀比亚德，你不是一个傻瓜，如果你刚才说的话是你真心想说的，而我又真的能帮助你，使你的灵魂变得更好的话，那我心中一定存在某种奇特的力量，使你发现自己有比你美貌还要高贵的美。 你一直企图用你的外在美换取我的内在美；不仅如此，你还拿毫无价值的美换取真实的美，这就如拿青铜换取黄金一样。 但是，请你仔细考虑，你不是已经看到了，我并没有什么与常人不同的地方；肉眼看不见时，我们内心的眼睛才会张开，可是，你离这种境界还很远呢！"

阿尔喀比亚德接着说："整个事情的发展，对我们彼此应该都有利，希望你能往好处想!"

这时苏格拉底叹口气，然后说："你这样说，也是有些道理，以后我们就照这样做吧!"

苏格拉底与阿尔喀比亚德的关系继续维持了下去，可以说他们是"神秘美"的典型。

自古以来，神秘主义者擅长用色情的象征手法来表达他们的思想，似乎神秘与色情之间有不可分割的关系。苏格拉底受到当时雅典的上流社会人士的影响，也常借用浪漫派的同性恋者的语言来做比喻。最具有特征的例子，就是他与阿尔喀比亚德之间的交往。苏格拉底经常戏言，自称是"爱神"，而且还认为自己是"懂得爱的真谛"的人。

虽然这是苏格拉底的玩笑话，可是却代表苏格拉底人格的重要一面。柏拉图与色诺芬都曾经强调，不要忽视苏格拉底的戏言，也不要误解苏格拉底，苏格拉底被控告的理由，也与阿尔喀比亚德有关，罪名是"蛊惑青年"。

实际上，阿尔喀比亚德与苏格拉底这件事，并不牵涉到"蛊惑"的问题，事实上，它是以苏格拉底的纯洁及道德思想作为前提。苏格拉底并没有置身于色情的浊流里，更没有沉溺在感官的享受里。

苏格拉底一心想从情欲中解脱，使"神秘的爱"独立、自由、净化，不夹杂任何杂质。所以，阿尔喀比亚德这位美少年虽然与苏格拉底关系比较亲密，但苏格拉底并没有沉溺在爱情里，他只想继续拥有与美少年阿尔喀比亚德之间的"纯粹的爱"。

在一个人十分清澈的眼睛里，我们可以发现无限的美、无限的吸引力，这是超过人类的想象的，它可以扭转乾坤，它可以振奋人们的精神。苏格拉底如此注重精神爱的人，不可能不知道这些，而他与阿尔喀比亚德之间的爱，在本质上只是精神自然的交流，而不涉及蛊惑或者情色。

阿尔喀比亚德

　　阿尔喀比亚德出生于公元前450年,是雅典的政治家和著名将领。他的父亲克莱尼亚斯和母亲德瑙玛珂丝是爱克蒙尼德家族人,也是伯里克利的近亲。他父亲在公元前447年在考赫尼亚的战斗中阵亡,伯里克利后来就成了阿尔喀比亚德的监护人。阿尔喀比亚德相貌俊美无比,但为人任性、反复无常而又充满热情,曾经跟着普罗泰格拉和普罗底库斯学习,学会了蔑视当时人们普遍认可的正义、节制、神圣、爱国等观点,同时作为情人和学童跟随苏格拉底多年,虽然敬重苏氏节制的生活,但他自己并不模仿苏格拉底,也不实践苏格拉底对他的教导。他在雅典由于放荡而声明狼藉,但因为他有过人的才干,于公元前421尼克亚斯和平期从政,伯罗奔尼撒战争时期又作为将军统领阻击斯巴达,期间他成功地使雅典组织了一个反斯巴达的联盟,成为主战派领袖,与尼克亚斯意见相左。公元前415年随着尼克亚斯在色雷斯的失败,他成为远征西西里的主要鼓吹者,但恰在远征出发之前发生了一件神秘的事件,即赫尔默斯神庙塑像被毁,并且有人指控阿尔喀比亚德是幕后主使,但他并没有去法庭为自己辩驳。而是逃到斯巴达为阿基斯一世出谋划策,从而使斯巴达成功地击败雅典联军。后来阿尔喀比亚德与斯巴达王反目,公元前413年他又逃到波斯总督提萨弗尼那里。在四百人寡头政治结束后他受忒哈斯布鲁斯邀请返回雅典。公元前410年他带领雅典的爱琴海舰队击败伯罗奔尼撒舰队,公元前408年又收复拜占庭,但没有多久,斯巴达新的军事领袖鲁散德率军于公元前406年击溃雅典海军,阿尔喀比亚德再次流亡,结束了他在雅典最辉煌的时期,他随后去了达达尼尔海岸边自己的城堡,公元前405年他警告驻扎在阿哥斯普塔姆斯河的雅典海军防范斯巴达突袭,但未被理睬,公元前404年受鲁散德之命法纳巴乌斯的波斯总督将阿尔喀比亚德谋杀。

苏格拉底
Sugelading

外貌与生活习惯

从外貌上来看，苏格拉底的相貌是很奇特的。 他长得并不是很英俊，而用现代的话来说很有"特点"。 只要看过他的人，保证不会忘记他的样子，下一次都会一眼认出来。 苏格拉底到底长成什么样子呢？ 他面部扁平，有大而向上的狮子鼻，两眼相距的距离很远而且凸出。 其间空白处是鼻梁，因使两眼分得距离太远，使人感到很不匀称。 但是苏格拉底的两眼炯炯有神，闪耀着慑人的目光。 他走起路来摇摇摆摆，就像一只昂首阔步的鸭子，还腆着一个大肚子。

虽然苏格拉底的相貌很奇特甚至可以说很丑陋，但是十分有魅力。 与他交谈过的人，都被他的亲切态度所吸引而不愿离开，而他高贵深邃的内涵更加吸引了许多人。 假若与他更进一步的交谈，就会发现他谈话的内容深刻而广泛，而且颇具幽默感，能起到潜移默化的作用。

所谓"诚于中，形于外"，一个人的外表，往往是这个人的内在的投射。人们究竟对苏格拉底的外貌做出怎样的评价呢？ 凡是

希腊雕刻都讲究形与神的配合，但苏格拉底的相貌显然不是这样

苏格拉底
Sugeladi

看过希腊人所做的雕刻的话，就会知道他们注重内心和外在的相互间的影响。而且，他们凡事皆从应如何协调二者间的精神出发。希腊人认为，高尚的灵魂要与端正的身体相匹配，他们更认为一个人要有健全的精神，必须先有健康的身体，而苏格拉底长得并不美丽，但他的精神和内在却与之不同。苏格拉底长相丑陋，但是他的灵魂是非常高贵的，思维也极为敏捷。古代希腊人认为，美好灵魂停留在健全的躯体上。德国哲学家尼采虽然说苏格拉底是"丑陋的希腊人"，但根据他的解释，"丑陋"本身就是一种"反抗"，对希腊人来说，"反抗"蕴涵着"否定"的意义，若由此来推断，苏格拉底则应具有现代人的色彩了。他的奇特容貌正是象征着"现代"与"反抗"，他的容貌与意志，即内在与外在，表现出了一种协调和谐的美。

我们无法否认，苏格拉底依然活在现代人的心中。我们从丹麦宗教神学家吉两·凯高特所写的《苏格拉底反语法的概念》一书中，更可以了解到这一点。在希腊的本土上，也有一个姓名不详的希腊作者对苏格拉底的外貌做过评价，他说："好人有时候看起来很卑微，有时候看起来却又很高尚。我们可以从苏格拉底的外观，得到一项启示，那就是外表的美丑并不足恃。苏格拉底相貌奇怪，鼻子扁大而向上朝天，眼睛鼓出，而且溜溜滚转不停，但是却散发出一种吸引人的气质，使人们乐于亲近他，接纳他的思想，一致推崇他是当时最高贵、最有智慧的人。"

"苏格拉底"的名字是"健康的力量"的意思，虽然这名字与他本人的长相没有多大的关系，但是他的内心确实有着一股不同寻常的力量，这力量是他天生就有的，以

尼采

及后天的执著培养成的。

苏格拉底的生活非常简朴，他常告诉别人应该如何节制，而他自己也会做到这点，所以，苏格拉底要求的东西很少，他的生活也很简单。比如吃饭的时候，他只要求能够吃饱，并不要求一定是美味佳肴。他常说："吃简单的食物，就是最好的饮食方法。"他的生活，十分的简单随意，当肚子饿了的时候，他就随便的吃一点，渴了才喝一点饮料，绝不沉溺于美食而不能自控。他曾说："必须抗拒有诱惑性的食物，如果肚子不饿还吃东西，不渴却还喝饮料，这会使你的头脑和灵魂堕落。"他并且戏言："魔女一定会使用各种方法，将那些受引诱的人变成猪。我们知道，奥德修斯（荷马史诗《奥德赛》的主角）之所以没有被变成猪，就是因为他一直遵守漠蜜士的忠告，尽量节制自己，小心地控制自己的胃口。"虽然他以玩笑的口吻说出这段话，但在这戏言中却蕴含着极深刻的含义。

奥德修斯

苏格拉底虽然这样节制饮食，但是并不矫情。他平日虽不饮酒，但遇到需要饮酒的时候，却是海量。柏拉图在对话录《会饮篇》中提到过苏格拉底与朋友共饮的事情，他一边喝酒，一边大谈哲理，后来和苏格拉底共饮的人一个个都喝醉倒了，只剩下他还很清醒，并且从容地离开杯盘狼籍的筵席。

★✿★✿★✿★
资料链接
★✿★✿★✿★

《会饮篇》

《会饮篇》被认为是柏拉图中期关于理念论和美学思想的一篇重

苏格拉底
Sugeladi

要对话。它借助苏格拉底等七人的七篇颂词，说明爱是什么，美是什么。

这篇对话录肯定了爱情是一种希望永恒占有美的东西，最美的东西不是肉体的、变灭的、物质的东西，而是永恒的精神的东西，因此真正的爱情应该是精神的，而不是物质的。这就是所谓"柏拉图式的爱"。智慧是最美的，所以真正的爱情必然属于"爱智慧的哲学家"。

《会饮篇》中的会饮是在阿伽松家里举行的，除了后来的阿尔喀比亚德是赞美苏格拉底以外，都是谈论关于爱情的话题，而各自不同论述。

柏拉图式的爱情

斐德罗说：爱是一位伟大的神。爱神最古老，引用巴门尼德"爱塑造了诸神中最早的那一位"；爱是最光荣的，是人类一切最高幸福的源泉；爱是对善的尽力效仿，假如没有爱，无论城邦还是公民，都不可能从事任何伟大或高尚的工作。爱会让人不顾危险营救自己的情人，甚至牺牲自己，表现出爱神的力量。

鲍萨尼亚说：开始赞美爱之前要定义要加以荣耀的爱，分为天上之爱与地上之爱，人的行为本来没有好坏而好坏的结果只源于行为方式是正确还是错误，因此只有在爱神推动下高尚去爱才是值得敬重的，而地上之爱是非常世俗的，是统治下等人的情欲不值得赞美，而天上之爱不会沾染荒淫与放荡，而爱慕对方的强壮、理智、成熟和智慧。爱是最能引发高尚的思想、坚实的友谊、亲密的交往的，而这使得它为东方专制统治所极力制止，雅典城邦，虽然有很好的宣扬积极高尚的爱与摒弃低俗虚伪的爱的文化，但是由于没有分开两种爱，高尚的爱也会在抑制低俗的爱时被抑制，雅典的法律应该明确分开应加以鼓励的爱与应禁止的爱。

厄律克西马库说：存在于神圣或世俗的各种活动中的爱的威力适用于一切类型的存在物，爱是无所不包的，进而在各方面对爱的两分法进行阐述，包括医学、音乐与四季变化，强调爱在这些方面所表现的节制与和谐。 而祭祀与占卜注重的就是保存和治疗爱，强调仅当爱的运作是公正的、节制的，以善为目的时候，爱才能成为伟大的力量。

阿里斯托芬说：确信人类从来没有认识到爱的力量，因为现实中把爱神忽略了。 从男人与女人的神话着手说明爱情的重要。 这个神话大概说的在远古时男人与女人本是一体的，手脚都用来走路，而那时的人能力强，而威胁着天上的神，而宙斯和众神希望削弱人的能力又可以让更多的人更好地去侍奉自己，所以就采取了把这种人劈成两半，而且用两条腿直着走路，把脸转过来，把切开的皮肤拉到肚脐处打结，把生殖器移到前面，治好一切伤口。 自是以后，就有了男人和女人，并且倾心于寻找自己的另一半，跟另一半相处相对，爱的历史从此开始。 而人有理由恐惧放弃对诸神的崇拜后又再被分成两半，只有敬畏神明成为爱神军队中的一员，幸福地与爱人结合，在爱神的指引下前进才是正确的。

阿伽松说：把上述众人的观点有所扬弃地融于一炉：爱神应该是众神中最年轻的，而且极为娇嫩而柔韧，而爱神具有很高的道德品性，从来不受诸神与人的伤害，也不会伤害诸神和人，暴力无法接近爱神，爱神正义、节制、勇敢。 爱神是一切生物产生与生长的动力，各种技艺手工创造在她的指引下进行，创造了人类所有的美德。

苏格拉底说：应该追寻爱的真理，而不是一味地赞颂爱神。 爱是对某事物的爱，某人所爱的对象是他所缺乏的。 并借助于他与狄奥提玛的讨论，阐述爱。 爱是介于美与不美、善与不善、不朽与可朽、智慧与无知等等的两端之间，爱介于两端之间就不是神，因为神是处在完美的一端。 爱是企盼着善永远成为他自己的善，爱的行为就是孕育美，爱就是对不朽的企盼。 高尚的思想比肉体更能不朽。 当爱上某个具体的美德形体，就必须思考这种美与其他方面的美的联系，不至于限制在这渺小处，进一步应该学会把心灵美看得比形体美更重要，进而思考法律与体制，到各种知识，看到知识之美。 当对美的广大领域的了解都深入时，就会产生崇高的思想，把握住美的一切。 从个别的片面的世俗之爱上升到普遍的普世之爱，就接近终极启示，这是被引导或接近和进入爱的圣地的唯一道路。

阿尔喀比亚德说：苏格拉底，相貌虽然丑陋，但说话很有魅力，听

苏格拉底

得人如痴如醉，对自己的思想产生很大影响，让自己有了羞耻感，苏格拉底外表扮作无知，其实内心是节制和清醒，充满深邃与神圣，苏格拉底的哲学就像咬了自己的心一口的蛇。他冷淡而且冷静镇定。

　　苏格拉底的生活过得十分简朴，他的穿着也很朴素。无论冬夏，苏格拉底都穿同一件衣服，那件衣服的质料是最普通的，没有任何的特殊之处。苏格拉底还习惯赤脚走路，甚至在寒冷的冬天也不例外。柏拉图在《会饮篇》中记载，苏格拉底在参加波狄提亚战役（公元前431—公元前430年）时，曾赤着脚在冰上行走，令其他士兵对他刮目相看。另外，柏拉图在他的对话录《斐德罗篇》中引述了苏格拉底与斐德罗的一段对话，其中涉及有关苏格拉底简朴生活的事情：

　　苏格拉底说："斐德罗！你到底是从什么地方来？又要到哪里去呢？"

　　斐德罗说："哦，我是从希法勒斯的儿子利西亚斯那里来的。清早，我就在他家坐了很久了，现在我准备到城墙外去散步。我是根据你和我的朋友亚休美那斯的意见，想到郊外去走走，据他说，到回廊里去散步会觉得很舒服。"

　　苏格拉底说："他说得不错！利西亚斯是不是在街上呢？"

　　斐德罗说："对，他在伊皮克里特家里，他家坐落在莫里修雅和莫里佩旺旁边的房子中。"

　　苏格拉底说："你们到底在他家做什么事？是不是听利西亚斯讲话来打发时间呢？"

　　斐德罗说："假如你有空和我一起去散步，我就告诉你利西亚斯所说的一些话。"

　　斐德罗说："哦！你稍等一下，我想把你当作学习的对象，可是你把我的希望摧毁了。不过你有没有想到外面去坐下来看书呢？"

　　苏格拉底说："好啊！我们离开这里，沿着伊利索斯河走下去，然后找一个地方坐下。"

......

费德罗说："幸好没有穿鞋子来，不过你平常就没有穿鞋子的习惯。 我们可以把脚浸在河水里行走，那一定很舒服，尤其在这个季节，又是在如此晴朗的天气里。"

苏格拉底说："你走在前面，要注意看看有没有能够坐下的地方。"

斐德罗说："你有没有看到那棵高高的筱悬树呢？"

苏格拉底说："嗯！"

斐德罗说："我们可以坐在那树荫下的草地上，迎着习习的凉风，如果你喜欢，也可以躺下来。"

苏格拉底说："那么我们就决定到那里去！"

斐德罗说："苏格拉底，请你告诉我，欧蕾瑠雅被克里亚斯抢来当他的妻子，这个故事，是否发生在伊利索斯河的附近？"

苏格拉底："嗯，是有这样的传说。"

斐德罗："想必离这里不远，因为这里的河水令人觉得舒畅，既美丽又清澈，最适合年轻的女孩子在这里玩了。"

苏格拉底说："那是在这条河流下游的地方。 那里有一条路可以通到亚特密斯神殿，附近也有克里亚斯的祭坛。"

斐德罗说："过去我不太了解这个故事，可是苏格拉底，你告诉我吧！你是否相信这是一件真实的事呢？"

苏格拉底说："啊，这真是个宜人的地方！繁茂的筱悬树和灌木丛，长得如此的高大蓊郁；树荫下，透着令人舒畅的凉意。百花争放，四周飘溢着阵阵芳香。 同时，脚由筱悬树下伸出去，就会有令人感到舒畅的水流过。 而且从附近的画像和雕像看来，这里可能是精灵或河神居住的地方。 凉风阵阵习来，好像在欢迎着我们，蝉鸣鸟唱，充满了夏季的味道。 特别令人愉快的是，还可以将身体躺下来，让头脑好好地休息。 这片柔软的草地真令人觉得舒服啊！总之，斐德罗，你能够带一个外地人来这里，是非常有远见的。"

斐德罗说："你这个人真的很奇怪，看起来不像本地人，倒好像是一个外地人被我带到这里似的，你一定很少走出城门，到街市以外的地方去散步！"

苏格拉底说："真不好意思。因为我是一个很想多学习的人，可是草原和树木并不能教会我任何事情，而街上的人却可以教会我很多的事情。不过你好像已找到能够带我出来的秘方，使我乐于出来。就好像在一只饥饿的野兽面前，使用树叶和壳类当诱饵，想让野兽走过来一样。你也在我面前晃动着活饵，把我带到这个你喜欢的地方来。可是既然已经到了这个地方，我只想躺在这柔软的草地上，而你也可以找个你认为最舒适的地方开始读书吧！"

第欧根尼·拉尔修在他的《名哲言行录》中几次提到苏格拉底引用了以下的诗句：银器和绯衣，是演戏的好道具，却不适用于平常的家庭生活。通过上面的引述，我们看出了苏格拉底生活的大概面貌：赤脚，喜欢朴素的衣着。我们也从上述引文中看出苏格拉底好学的精神以及热爱大自然的美好情操。

奇异的征兆

苏格拉底称，他的行为受一种无形的内在声音所指导。这种声音被称为"神秘的声音"或"奇异的征兆"。这或许是使苏格拉底继续生存的魔力。人们将这个征兆后来称为"守护的灵魂"，而柏拉图将这种现象称是"奇异的征兆"或"奇异的东西"。当这种神奇的声音在他的心中响起的时候，苏格拉底就会进入到一种忘我境界，此时，他看起来有些神情恍惚。但实际上，他并不是在考虑或研究某些问题，只是在体验某种神秘性的东西，这就是"冥想"。

苏格拉底冥想的时间和地点是不规律的。当他进入冥想时，周围的事物完全与他无关，冥想的时间有时长，有时短。苏格拉底曾参加了公元前431—公元前430年的波提狄亚战争。期间，有一次他在阵地上整整站了一天一夜，未曾挪过步。这件事，当时在苏格拉底周围的人全都知道。因为大家都了解苏格拉底，知道他在冥想，所以没有惊扰他，由他一直这样去做。但是苏格拉底到底在体验什么，在他周围的人都不知道，有人说他是在聆听"神的声音"或是接受了"神的委托"。

在苏格拉底内心的这种神秘的现象，可以称为超自然的声音。这声音似乎在向苏格拉底提出某种警告，如果，他忽略了这种警告，会有不幸的事降临。有人说，这种神秘的声音与"良心之声"没有很明显的区别。一旦要有什么危险逼近他或者有不幸的事将要发生时，这种奇妙的声音就会像力量一样紧紧地抓住他，并告诉苏格拉底。苏格拉底非常尊重这种神奇的声音，一定服从它的指示；这个声音不仅指示苏格拉底本人该如何做，有时也会指导别人的行为。这种指示与正邪没有关系，因为它并不发出与伦理、道德有关的行为的指示。

关于这种"神秘的声音"，泰西研究苏格拉底的专家泰勒有所说明，所谓"神秘的声音"是苏格拉底对"凶事"的一种敏感的观察力，这就有些像现在的人们所说的"特异功能"。但是由于这种"奇异东西的指示"被广泛的宣传，并加以渲染，甚至有人认为这是苏格拉底妖言惑众，要僭立新神的表现。后来，神秘的声音还成为苏格拉底被控告的原因之一。

据说，有一次，苏格拉底被邀参加亚加东的宴会，他一边走路一边思考，因此步伐很缓慢，后来，他请与他同行的人先走，自己却走到隔壁人家的大门前，站在那里，别人唤他，他仿佛没有听见，仍然站着不动，这种情形经常在他身上发生。人们若看到他这样，就知道他又在冥想了。不久，苏格拉底走入亚加东家。亚加东请求苏格拉底诉说他所产生的奇想，苏格拉底对亚加东的要求回答道："智慧这种东西，如果在我们之间互相撞击、沟通，会从我们当中比较多的人身上流到比较缺乏智慧的人的身上，正如满满一杯的水，会通过毛线，再传到空杯子一样的道理。"

　　不管这种奇异的声音是以什么样的方式传到苏格拉底身上的，他都会对此绝对服从，也是他对神绝对信赖的表现。这是否是神示，我们无从下定论，但是对苏格拉底来说，那是必须谛听，而且要照着去做的。这种围绕在苏格拉底身上的声音，是一般人不会拥有的，这当然使人感到奇异；这种声音所预示的又是凶事，这即是神秘；由于这种声音提示在前，并且还将出现，故而这是奇异的征兆。

聪明绝顶
与勤奋好学

　　柏拉图有一篇对话录是记述他的老师苏格拉底受审时在法庭上的申诉，篇名为《申诉篇》。其中，苏格拉底本人说他之所以被认为是雅典最有智慧的人，享有盛誉，是因为具有"人的智慧"，但他不认为自己具有超过人类的智慧，即"神的智慧"。那么为什么说苏格拉底是最有智慧的人呢？事情是这样的，有一对兄弟，哥哥的名字是开瑞丰，弟弟的名字是开瑞克刺忒斯，他们都是苏格拉底的弟子。开瑞丰曾经去德尔菲神庙请求过神示，问是否还有比苏格拉底更有智慧的人，传达神示的女祭司回答道："没有比苏格拉底更有智慧的人了。"关于这则神示有两种说法，其一就是以上所说的"没有比苏格拉底更有智慧的人了"。其二是说悲剧诗人索福克勒斯有智慧；悲剧诗人欧里庇得斯更有智慧，苏格拉底则比他们更加出类拔萃，即最有智慧的人。事后，苏格拉底得知了此事，感到困惑不解，因为他本人认为自己本身智慧平常，怎么能说他是最有智慧的人呢？苏格拉底对这样的神示有所怀疑，也打算验证它的正确与否，于是他拜访了那些以聪明才智著称的人。他先去拜访了一位很有声望的政治家，此人被公认为是很聪明的人。 但是这位认为自己智慧无上的人却不知道美和善到底是什么。 当苏格拉底说他无知的时候，他不仅不谦虚的接受，反而勃然大怒，而在场的人也对苏格拉底很是不满。 于是苏格拉底对此进行了反省：他对自己所谈的美与善到底是什么也是不懂的，但他一直表现得十分坦诚，知之为知之，不知为不知。 而那位政治家却以不知为知之。 随后，苏格拉底又去走访诗人，发现他们创作诗歌并非出自聪明、智慧等，而是天性使然，灵感迸发。 但是诗人却不这样认为，他们自认为在创作诗歌方面是行家里手，对除了诗歌以外的事情，也自认为是饱学之士，很有知识。 而苏格拉底的自知之明却比这些人高尚多了。 后来，苏格拉底又去走访有高超手艺的工匠，从他们那里，苏格拉底了解到，他们熟悉的事情苏格拉底并不熟悉，他可以从他们那里学习到这些知识。 但是他们同样和上面的人一样自大。 当苏格拉底指出他们自大狂妄时，就得罪了不少人。 反过来，他们又开始攻击苏格拉底本人。 如此一来，苏格拉底则深切领悟了神示的本意："真正的智慧是属于神的，神示只是告诉我们，人的智慧微不足道。 在我（苏格拉底）看来，神并非是说我最有智慧，而是以我的名字作例子，仿佛对我们说，人们中最有智慧的就像苏格拉底那样，在智慧方面是微不足道的。"这样苏格拉底一生都在忙碌的学习中，学习别人身上自己所不具备的知识和美德。

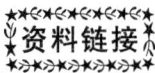

★资料链接★

欧里庇得斯

欧里庇得斯（前 485 或 480 年—前 406 年），他与埃斯库罗斯和索福克勒斯并称为希腊三大悲剧大师，他一生共创作了九十多部作品，保留至今的有十八部，如《独目巨人》，公元前 431 年所写的《美狄亚》等。

苏格拉底
Sugeladi

欧里庇得斯出生于阿提卡一个贵族家庭，对各类艺术都有过系统而且全面的学习，尤其喜爱诗和哲学。欧里庇得斯很早就开始尝试悲剧写作，并在公元前441年，欧里庇得斯第一次在悲剧比赛中获得第一名。

关于哲学，欧里庇得斯最早曾向阿纳萨戈刺斯学习，阿纳萨戈刺斯是第一个提出月亮上的光反射自太阳光，但在希腊内战时，希腊将他赶出了希腊，欧里庇得斯对此十分气愤，他在《阿尔刻提斯》中杜撰了一个人物以表达对于驱逐他老师的不平。接着，欧里庇得斯向他的好友普罗泰戈拉和普罗狄科斯这两位诡辩大师学习，但是希腊的诡辩术还未发展完善，主要是一些对于神和神话世界的怀疑论题。最后，欧里庇得斯与苏格拉底为友并向他学习。

欧里庇得斯

欧里庇得斯生活于希腊内战（伯罗奔尼撒战役）期间，战争让他看到了残酷。对此，欧里庇得斯在自己的作品中都公开表示反对，他同情弱者，提倡和平、民主以及平等。也因此，欧里庇得斯的名气越来越大，希腊害怕他作品中的一些对立的思想会影响民众而最终将他赶出希腊，晚年的欧里庇得斯不得不前往马其顿，在马其顿国王的庇护下生活，最后客死异乡。

欧里庇得斯的悲剧在他活着时并不受人们的欢迎，但是他死后声名鹊起，喜剧诗人阿里斯托芬对欧里庇得斯可谓冷嘲热讽，但也欣赏他的才华。亚里士多德在《诗学》中对欧里庇得斯有许多指责，但也称赞他"最能产生悲剧的效果"。欧里庇得斯的悲剧对罗马和后世欧洲戏剧的影响，比埃斯库罗斯和索福克勒斯要大得多。罗马诗人塞内加和奥维德都模仿过他的《美狄亚》。但丁在《神曲》中只提到欧里庇得斯。高乃依、拉辛和歌德也模仿过欧里庇得斯的作品。在英国，诗人拜伦、雪莱、布朗宁等也都推崇欧里庇得斯。

苏格拉底对智慧的追求，是极为勤奋的。他每天从早到晚都在雅典的街头及公共场所找人交谈。从这些谈话中，他归纳出不少有教育意义的论点。他如此勤奋地向人访谈，一则可看出他的坚忍不拔的精神，同时也让青年人更加的对他热爱和敬仰。这方面，他身传言教。色诺芬在他的《回忆苏格拉底》的第4卷第2章第1至7节中记述了苏格拉底告诫自视甚高的青年欧梯得摩斯：任何技艺不能只靠天赋，只有愚人才自认为可以无师自通；必须勤学苦练深加钻研，才能有理家治国平天下之才能。在《回忆苏格拉底》的第4卷第1章的第3节中涉及苏格拉底对待人的方法：他认为对待人的方法不应是一样的，对那些秉赋好而轻视学习的人，就应该让他们知道，越是禀赋好的人越应该受教育，这样，他们才能成才；否则，虽然有天赋，却没有受到严格教育的人，而他们本人又不喜好学习，那么他们就会变成社会上最没有用的人。苏格拉底说："只有愚人才会自以为不用学习就能够分辨出有益和有害的事物。"

探究大自然

宗教与哲学的探讨一直都是人类生活的精神支柱，二者常常相互影响。根据柏拉图对话录《斐陀篇》中的记载，我们知道，奥菲斯教对苏格拉底主张的"灵魂不死"及"来世"有某些影响。或许，在苏格拉底很小的时候，就受到奥菲斯教的教义的影响。

苏格拉底很关心"死亡"的问题，他坚信人死后灵魂会到另一个世界。《斐陀篇》与《理想国》都引述了苏格拉底谈论天堂与地狱时充满想象的神话，这些都是奥菲斯教中的思想。

奥菲斯的教义中，主张人类身上具有某种"神性"，但是人们却往往自甘堕落，迷失了"神性"，如果能加以洗净、澄清，在人间所犯的罪孽和死亡就可以获得解脱。换一句话的意思就是说，灵魂是永远不会死亡的，是一个堕落而被流放在外的"神"，如何让灵魂获得解脱，超出"生死轮回，恢复它的不朽与神性，"正是奥菲斯教派所努力的目标。

★★★★★★★★★
资料链接★
★★★★★★★★★

奥菲斯教

奥菲斯是古希腊传说中的英雄，他有着超越所有人的音乐天赋，奥菲斯的歌声和琴韵都十分的魅力动听，各种鸟兽经常围绕着他翩翩起舞。

奥菲斯的父亲是阿波罗，母亲是歌唱女神卡莉欧碧，因此奥菲斯成为希腊的音乐天才。奥菲斯后来爱上了泉精尤丽黛，两人接受众神的祝福结了婚，但是快乐的新婚生活并没有维持多久。有一天，尤丽黛与朋友在草原上玩耍，脚忽然被毒蛇咬了一口，她就这样死去了。奥菲斯悲痛欲绝，他想让尤丽黛复活，最后他便不顾一切带着竖琴前往阴间。阴间凶猛的守门犬克贝鲁斯和冷漠的冥河渡船夫，都被奥菲斯的悲歌感动，就让他这个活人通过。奥菲斯来到冥王普鲁陀面前，弹着竖琴，唱出心事，请求冥王让妻子再度回到地上。普鲁陀最初冷冷地拒绝，后来也被他的热情所感动，应允他的要求。普鲁陀吩咐奥菲斯离开阴间前不可回头看，以作为归还妻子的条件。奥菲斯十分激动地带着尤丽黛往地上走。通向阳间的路很长，奥菲斯一直忍着没有看妻子，但当他看到地上的光亮时，他终于忍不住回过头，转眼间，尤丽黛只发出轻轻的叫声就又被拉回了阴间。奥菲斯疯狂地在妻子后面追赶，但是这次连冥河的渡船夫也不让他渡河了。奥菲斯失意地弹着竖琴，徘徊在山野间。追逐尤丽黛幻影的他不近女色，因而招致色雷斯女子的怨恨，她们在酒神节的夜里，将他折磨至死，然后把尸体抛弃河中。奥菲斯的竖琴独自奏出悲伤的曲调，顺流而下，不久渡海漂流到来兹波斯岛，被岛上的人拾起，献于阿波罗神庙，悲恸爱子之死的阿波罗，便将竖琴拿到天上，加在星座上。

但是让奥菲斯出名的主要是他创立或者改革的宗教——奥菲斯教。奥菲斯教的神话关于希腊人的起源是，宙斯和泰坦（罪恶之神）斗法，宙斯用灰烬创造了人。这个希腊人的祖先，既有泰坦的灰烬糟粕，又有酒神的精神实体。所以人生下来就不是完美的，泰坦化作人的肉体、欲望、感官等部分，酒神则是人类的灵魂。而人的肉体是灵魂的囚笼或坟墓，只有通过净化灵魂，才能在轮回转世中变得纯洁，从而得

柏拉图和亚里士多德

到解脱，复与诸神同在，享受至福。奥菲斯教于公元前六世纪在雅典流行，其教义对雅典人产生了重大影响，柏拉图就是其典型。柏拉图对灵魂的"照顾"主要是集中单个方面：灵魂与肉体的关系，灵魂不朽，以及来世对灵魂的惩罚和奖励，这也正是奥菲斯教的主旨所在。奥菲斯教认为生活的目的是维持神圣的灵魂，尽可能使得身体身体纯洁，直至灵魂得到自由。而柏拉图认为，灵魂的精华可以通过哲学的追求来实现。对哲学的追求可以帮助灵魂脱离肉体的束缚，最终到达幸福的彼岸。可见，奥菲斯教的灵魂不朽观对柏拉图的深刻影响。但是柏拉图并没有局限于单纯的宗教信仰，他利用理论性的论证来证明灵魂不朽。最后，与奥菲斯教的来世生活相对应，柏拉图构建了一套奖惩制度：只有哲学家的灵魂可以与上帝同在，享受至福，而非哲学家的灵魂则备受折磨，永远被肉身所困扰。而同时，柏拉图对奥菲斯教的一些教义作出了哲学解释，最终实现了由宗教领域到哲学领域的转变。

除了奥菲斯教对苏格拉底的哲学产生过影响外，在雅典，还有许多的学术和社会的风气，在苏格拉底年轻及中年初期时流

行，并在他心中留下深刻印象，这些也是研究苏格拉底哲学思想不能忽略的细节。

苏格拉底诞生于公元前五世纪，当时距离在爱琴海的美里塔斯（小亚细亚西岸的一个希腊古城）所产生的哲学和科学已有一个世纪。

而雅典在西蒙和伯里克利的领导下，它不仅仅是一个强大的海上霸主，也是各个方面思想汇集的地方——雅典是一个名副其实的思想交流中心。

公元前六世纪左右在美里塔斯产生的科学与哲学（在当时，科学与哲学二者尚合为一体，并未分为两种学科），在伯利克利时代，通过数学天才毕达哥拉斯，科学与哲学由爱琴海地区传到了意大利南部，东方的文化和科学也在此时逐渐地传到了西方。东西方在天文学、算术、生物学等各方面互相影响，而这种影响的方向不是凭借经验，而是依靠理性。

这是当时希腊世界科学、哲学领域的实际情况。苏格拉底当时就处在这样的思想、学术境遇里。那时苏格拉底大约20岁，正是青年时期。他所接触的宇宙学说，东西方是各自发展成为不同体系，相互间是矛盾对立的，即东方的宇宙观是一元论，而西方的则是二元论或多元论。

东方的一元论认为，宇宙间的所有物质，人类的心灵也包括在其中，这些全都是由"气"组成的。而西方对此却持不同的观点，其代表人物是恩培多克勒斯。他认为所有的物质都是由土、水、火、空气等构成的。它们之间互相撞击，于是混合成为万物。另外，还有一种与东方一元论对立的论点，是由毕达哥拉斯学派提出来的。这个学派认为，数学是解开宇宙奥秘的钥匙，所以他们提出的原理都是些严密的数学公式。他们认为宇宙万物都是"点"或"单元"构成的。这些所谓的"单元"或"点"是以特定的几何形态或图形排列的。东西方对万物起源的不同看法，成了哲人们讨论的话题，而青年时期的苏格拉底对东西方这些不同的论点是异常关心的，也因此受到激励。

苏格拉底在他的思想田园中，自由苗壮的成长。人类总是对自然充满了好奇，因此，每一个时代都有人孜孜不倦地以研究自然为一生的事业。苏格拉底年轻时对自然科学知识十分热衷，对之竭尽全力孜孜以求。万物如何生成，如何消失，他都希望为这些问题找到答案。根据色诺芬《回忆苏格拉底》一书的记述，苏格拉底在青年时期，就对当时的自然科学有相当的了解，具备了一定的知识。柏拉图在《斐陀篇》中也有相似的描述。

苏格拉底因为要研究自然，所以在他的脑海里，就浮现出许多的问题。如世间万物是怎样形成的，又是如何消失的，他很希望为这些问题找到答案，同时他的脑海里还会浮现出许多的问题，如，为什么人们会有冷与热等感觉？为什么人们说某些东西腐烂后又会变成其他的生物？苏格拉底认为，这或许是空气造成的，或许是火，也或许是生物本身，更或许都不是。这些问题困惑着他。直到有一天，他看到了阿那克萨哥拉斯的著作，他忽然觉得自己总算找到了答案。

阿那克萨哥拉斯主张"万物种子"说，并认为"理性"为万物建立秩序，这也是万物存在的原因。

苏格拉底从阿那克萨哥拉斯书中终于找到了"万物生存的原因"，他觉得异常的高兴。阿那克萨哥拉斯在书中所说："理性是维持万物秩序的原因"，这句话对苏格拉底来说，是颇具意义的，当他继续阅读此书时，又发现了很多自己以前没有想到过的理论和观点。这时，对苏格拉底意味着，他已经找到了可以通向他所追求的独特世界的途径。

阿那克萨哥拉斯所说的"理性是维持万物秩序的原因"，理性（心）制定了万物存在的地点，让万物都处在本身最适当的位置，天空中的行星也按照一定约定的法则运行。世间万物中的每一件东西是怎样诞生？是怎样消失的？又是怎样存在的呢？这些都是人们所关切的问题；人们还想弄清楚其他的有关事物对上面这些事物的影响，或是这些事物本身对别的事物的影响，只有如此，人类才能知道究竟在什么样的状态下可以建立良好的秩序。

在苏格拉底看来，阿那克萨哥拉斯的学说，就等于告诉他宇宙万物的法则，而人类必须做的就是考察人类本身及其他与人类有关的事物。苏格拉底期待更进一步了解大自然，他急欲想弄清楚太阳、月亮以及其他星球是如何运行的，它们之间是否能彼此影响？但是阿那克萨哥拉斯却一再强调，所有物体都是在基于理性的基础上而建立起秩序的，因此它们目前所处的情形，就是最佳的状态。阿那克萨哥拉斯虽然指明了"理性"是万物存在所依照的法则，但却没有更进一步说明如何运用其理性；他更没有指出"理性"所主宰的宇宙是明智与计划的化身。阿那克萨哥拉斯的理论曾使苏格拉底一度以为找到了真理，但是当他进一步研究后，却感到十分的失望，苏格拉底不得不承自己"毫无研究自然科学的头脑"，于是他只能去寻找另一条路。这就是辩证法和回答法的观念。他也认为自己找到了第二条途径。

苏格拉底使用的通过相互间问答的谈话，以此寻找普遍的定义、寻求真理的方法就是古代希腊最初意义的辩证法。"辩证法"在古希腊最初的含义是"通过说话、谈话"。柏拉图在《克拉底鲁篇》中指出："凡是知道如何提出和回答问题的人便可称为辩证法家。"苏格拉底则是最善于提出问题和回答问题的人了，如果照此说，他应该被称为"辩证法家"，他所使用的提问与回答的对话方法就是"辩证法"。苏格拉底一直认为他的哲学方法就是借助于谈话问答寻求真理的定义。实际上，是在问答中不断地揭露对方的矛盾，使得对方不断承认并修正自己的错误观念从而逐步发现真理。这可能是人类最早认识到的辩证法。但是苏格拉底的辩证法只是指出具体事物和普遍本质的对立，但并没有将它们有机的联合在一起。苏格拉底从探索大自然到"辩证法"，可以说是苏格拉底思想的一次升华。但当苏格拉底运用了"辩证法"，并没有让他所困惑的问题得到解决，因此他就做了更深一步的追溯。

每个人都有自己不能解决而别人又不能替自己解决的问题，这就是苦恼的根源。但是让每个人苦恼的事情并不尽相同。有些人的苦闷时间比较长，而有些人的苦闷时间则比较短。苏格拉底可能在三十至四十岁左右，或者是二十多岁时遇到了极大的苦闷。

苏格拉底想尽办法才从阿那克萨哥拉斯那里找到自己需要的思想和解释，并且对他抱以无限的期望，可是他最终令苏格拉底失望。苏格拉底一生没有真正的老师，所以他一直在黑暗中独自摸索，靠着自己的努力，寻找让他迷惑的问题的答案。

而苏格拉底从阿那克萨哥拉斯的书中，还是学习到了不少的东西，他学习到了如何用感觉去接触事物，如何用眼睛去细致入微的观察事物，也因此，他转而研究理论，再通过理论研究事情的本质。苏格拉底经常运用这样的办法，他常假定自己的理论是正确、无懈可击的。而他在研究的过程中，由理论而引出的原因和结果都会出现，如果和他假定的理论相一致，这个理论就是正确的。反之，当出现的原因和结果与他所假设的结论不一样时，这个理论就是不正确的。

纵观苏格拉底的一生，我们发现他找到人生真谛的过程是这样的：第一，从研究自然到研究人类的变化，起初苏格拉底尽心竭力地研究自然，后来发现人类的灵魂比树木、星辰、石头更为重要，于是他开始考察一切思想和理论的真实性。第二，苏格拉底自发与自觉地感到他有代表全体人的使命感。其三，苏格拉底从自己被控告开始直到他被判处死刑，他都自觉地致力于有关灵魂不灭的问题的探讨与研究。

在苏格拉底以前的哲学家，并没有考虑或指导人类应该如何追求智慧，而苏格拉底则始终以追求智慧自命与自任，否认自己本人是知悉一切事物的智者。他曾说："我只知道一件事，那就是我什么也不知道。"这句话充分表现了他的谦虚，也更使他的名声不朽。下面我们就来看一段苏格拉底所说过的话："我有一位朋友名叫开端丰，他向来做事认真，由于他瘦小、皮肤很白，所以，被朋友称作'蝙蝠'或'夜的孩子'。 阿里斯多芬尼斯及一些喜剧作家，经常用这些绰号嘲笑他，开端丰曾到德尔菲的神殿，接受神的指示。 开端丰问阿波罗神，究竟世界上有没有比我更有智慧的人？女巫传达神示回答说：'没有人比苏格拉底更有智慧！'

德尔菲神庙遗址

我听到这句话后，感到十分的疑惑，自问：'神究竟想要对我说什么话呢？这句话是不是含有什么暗示呢？'

我从来不认为自己比别人聪明，比别人有知识，而神却说我是最有智慧的人，神向来不说假话的，因为说假话就不称其为神了。 我迷惑了很长的时间，再度思忖着，究竟神要对我说些什么？终于，我想出了一个方法，来释读这个神示的含义。

神说我是最有智慧的人，如果我能找出比我更有智慧的人，就可以反驳神的所示，为此，我将以政界的大人物为对手，和他们辩论。 经我仔细的观察，我发觉这么一个人——这里无须提出他的姓名，他只不过是个雅典人，我和他谈过一回罢了——大部分的人都认为这个人很有知识，而他本人也这么认为。 但依我看来，他并非如此，凡是自认为自己有知识的人，实际上并没有知识，我想让他明白自己的无知，没想到他却怨恨我，周围的人，因为不明了此事，也对我产生误解，于是我只好离开。 但是，每当我独处时，脑海里总会浮现出这样一个念头：无论如何，我比这个人更有智慧。 或许，我们都不知道善与美，但是这个男人却自以为什么都知道；而我虽然不知道，但没有自认为什么都知道，所以我似乎比这个人聪明一点，我聪明的程度，恰好和我不妄自以不知为知的那种自觉程度成正比。

后来，我又跑到许多看起来很聪明的人的面前，我仍然得到与前面相同的经验，一些没有知识的人，总自认为自己很有知识。 如此看来，神之所示，是不能否定的。"

从这段话里，我们可以看出苏格拉底的讽刺性格。

苏格拉底在和以上各种人的交往中，考察自己是否比别人聪明，碰了不少钉子，引起别人的不满，招致他们的怨恨。 但是，正由于这样，苏格拉底的声名更加显赫，由此招人嫉恨，于是受到指控，成为被告。 换句话说，苏格拉底被控诉的原因，正是根源于他具有的讽刺性的性格。

柏拉图对话录的《申辩篇》中，引述了苏格拉底的话语，相当有深度，很值得我们研究。 例如，苏格拉底对于人性有细腻深刻的体会，他发现他的周围，有一些追求名誉或爱好金钱的人，把真实当作小虫，不加注意地就将它踩碎；而且这类人多得数不胜数。

德尔菲神殿的神所诏论的证言，据说是这样的："悲剧诗人索福克勒斯有智慧，悲剧诗人欧里庇得斯更有智慧；而苏格拉底则智慧出类拔萃，即最有智慧的人。"

苏格拉底在研究人类时，将"无知"和"无知之知"互相配合，理智地寻求真理，他认为探索人类灵魂是自己应当的义务，也是一项使命，而那些无意间得来的名誉，反而造成他的困扰，酷爱智慧的精神，已经在苏格拉底的内心成为发热燃烧的火石并促使他有所行动。

古老的德尔菲神庙遗址

　　苏格拉底前往诗人聚集的地方，那里的诗人写下酒神戴奥尼夏祭典时所用的狂热性的合唱歌及轮舞歌；他接着又到拥有特别技能的人汇聚的地方去，这些人确实知道苏格拉底不知道的事，但是，他们仍然犯有相同的错误——只因为自己有特殊才能，能做出很好的作品，就自认是最有智慧的人，并且，对于自己不知道的事，也装出很内行的样子。

　　苏格拉底出外寻求最有智慧的人的这段期间里发生了一些现象。不知什么原因，有一些十分悠闲又有钱的人，自动跟在他后面，站着旁听，他们似乎对苏格拉底的举止很感兴趣，甚至经常模仿他的举动、行为，也去寻找比他们自己更聪明的人。

　　苏格拉底的名声那时已经传播得很远了，别人模仿他的行为，也更增加了他的知名度。他不仅在雅典赫赫有名，甚至全希腊人也知道他有"最高智慧者"之称，大家都称他为"研究智慧和道德的人"，另外，也有人称他为"不承认神存在的人"或"强词夺理的人"。

当时，苏格拉底已将近 40 岁，他曾经说过"照顾自己的灵魂，使臻于至善至美"，他所说的"照顾"，就是指培养理性的思考与理性的行为，从而认识自己。 这正是和德尔菲神殿墙上铭刻的箴言"要认识你自己"相一致。 先哲苏格拉底由探索自然转向辩证法，继而又转向研究人的本身，触及"爱智"、"伦理"、"道德"诸多问题。 这一系列的转变都发生在苏格拉底 40 岁之前。

后期生涯

这个世界上有两种人，一种是快乐的猪，一种是痛苦的人。做痛苦的人，不做快乐的猪。

——苏格拉底

苏格拉底
Sugeladi

使　命

人的生命都是有限而短暂的，有些人虚度一生，对生命来说是一种不尊重的表现。 但是，如果我们可以静下心来仔细研究苏格拉底的哲学思想，或许就可以知道我们该如何面对生活，以及怎样生活。 从他的哲学思想中，我们得到了一种启示，这种启示可以让我们随时随地地勇敢坦然地面对死亡，而没有遗憾。 苏格拉底对生命的开始与终结的意义都了解得十分通透，他是以真实为中线，追求人性的至善至美的生活，并且相信灵魂不灭，所以，他随时都有赴死的勇气。

苏格拉底对于他的人生的使命与生存的立场非常明确和坚定，而他也一直以全人类的命运为自己的使命，在柏拉图对话录的《申辩篇》中，这些独到的见解都有详细的记载。

苏格拉底一生为追求智慧而生存，自称"爱智者"，他不断的追求着智慧，仔细研究别人和自己。 苏格拉底的这种生活方式，不会因其死亡或面临着其他危险而改变。 苏格拉底曾说过："假如我抛弃这种生活方式，你们可以随时将我带到法庭。"

苏格拉底不能否定德尔菲神庙的神示，他认为神示正是他的使命，他的后半生已经决定倾尽全力去探索人类的心灵，他常用冷静和温和的态度询问雅典的青年，什么是名誉？什么是道德？

什么是爱国？什么是德性？他的问题永远多于答案，这可以让青年勇于发表自己的意见，并积极地探索、思考问题，如果他们有所困惑，苏格拉底会用极为简单的句子来教导他们，并使他们茅塞顿开。但是，他对问题的答案，以及他受到青年欢迎的程度，却使他被控为"蛊惑青年"的罪名。

油画《雅典学院》的苏格拉底

参 战

雅典的战争风云一直没有停止过，苏格拉底就生活在雅典的这种战争漩涡中。战争中间虽然夹着一些和平期，但是战争还是不断地持续着。苏格拉底参加过三次战争，他以自己果敢和热爱祖国的心为雅典全身心的奉新，他认为：有雅典才有苏格拉底，并不是有苏格拉底才有雅典。

公元前 492 年，苏格拉底当时还没有出生。波希场战争是公元前 449 年结束的，那时苏格拉底 20 岁。苏格拉底虽然没有直接参加对雅典来说有重要历史意义的波希战争，但是他也接受了战争的洗礼，受到了雅典人热爱城邦的热情的熏陶，从而奠定了雅典在他心中的崇高位置。其二是伯罗奔尼撒战争，这是一场以雅典为首的一方与斯巴达为首的伯罗奔尼撒同盟为另一方的战争，这是一场希腊世界内部的战争。在这两场战争之间，

波希战争后，重建的波塞冬神殿

即公元前 441 年，苏格拉底 29 岁时还参加过赴萨摩斯岛的远征，第二年返回雅典。有关这次萨摩斯岛远征的实际情况人们知道的很少。第欧根尼·拉尔修曾对此做过十分简略的记述："苏格拉底还很年轻时就同阿耳刻劳斯一块儿离开雅典去过萨摩斯。"这句话是诗人伊翁说的，记录在《名哲言行录》的第 2 卷第 23 节中。苏格拉底所参加的远征目的是进行军事封锁，因为那里发生了叛乱。

伯罗奔尼撒战争是在公元前 431 年正式爆发的，历经 27 年，公元前 404 年才宣布结束。伯罗奔尼撒战争是古代希腊社会的一个重要转折点，是雅典城邦从强盛走向衰落的关键。苏格拉底是一名忠于雅典城邦，热爱雅典的公民，他必然会去参加保卫自己祖国雅典的军事行动。苏格拉底的后半生几乎都在伯罗奔尼撒战争中度过的。在这场持久的战争的第一阶段，即在雅典和斯巴达订立尼西亚和约之前，苏格拉底就参加了雅典军队，当的是重装甲兵。他在征战中表现得英勇顽强，果敢机

苏格拉底

伯罗奔尼撒战争油画

智。 苏格拉底第一次参加的是导致伯罗奔尼撒大战爆发的波提狄亚战役（公元前431—公元前430年），当时他还不到40岁。波提狄亚原来属雅典盟邦，但由于斯巴达等的唆使与支持叛离了雅典。 这样，雅典派遣卡利亚斯先后率70艘战舰和3000名重装甲兵前往平叛，围攻了两年，城内饥荒遍野，甚至出现了人吃人的骇人景象，也因此波提狄亚被迫投降，那里的人全部被驱逐到外地。 这场战争极其残酷，雅典方面的军事指挥卡利亚斯也在这场战争中阵亡了。 与苏格拉底一块参加战斗的还有青年军人阿尔喀比亚德。 在柏拉图的《会饮篇》中记录了阿尔喀比亚德关于苏格拉底英勇事迹的生动描述：当军队被切断供给时，苏格拉底忍饥挨饿，艰苦卓绝；在严寒中，其他人大多都用毛毡裹着身子御寒，而苏格拉底仍旧衣衫单薄，赤着脚在冰面上行走；在一次战斗中，阿尔喀比亚德负了伤，苏格拉底就独自杀开一条血路将他救了出来。 后来，将领们由于阿尔喀比亚德作战英勇，决定颁发给他花环，而阿尔喀比亚德却认为是苏格拉底在战场上救了他的命，应该把花环颁发给苏格拉底，但苏格拉底拒绝了。 在伯罗奔尼撒战争中，苏格拉底第二次参加的是公元前

424 年的德立安战役，这时他 46 岁。 德立安是雅典北部邻近优卑亚的城邦。 雅典的军队在这里与彼奥提亚人作战，双方各派出大约 7000 名重装甲兵，先后进行了两次战斗。 彼奥提亚人得到其他城邦的援助，最后利用火攻，雅典被打败。 雅典主将阵亡，溃败的军队取海道逃回。 这场战斗表明雅典已呈败势。 柏拉图在《会饮篇》中引述了阿尔喀比亚德的回忆：雅典军队在德立安败退时，拉凯斯将军和苏格拉底在混乱的队伍中行进；苏格拉底极为镇静，"昂首阔步，环顾四周"，由此，使战友们的情绪得到稳定，于是顺利撤回。 柏拉图在《拉凯斯篇》中记述了拉凯斯将军盛赞苏格拉底为了城邦的荣誉表现得十分沉着冷静，他说："要是每一个人都像苏格拉底那样，我们城邦的荣誉和辉煌就能得以维系，也就不可能被打败了。"

公元前 422 年，苏格拉底 47 岁，他参加了色雷斯的安菲波利之战。 关于苏格拉底参加这次战争的情况，只有在柏拉图的《申辩篇》及第欧根尼·拉尔修在他的《名哲言行录》中有一些叙述，但并不详细，尤其是在第欧根尼·拉尔修在他的《名哲言行录》记述中有张冠李戴之误。 由于苏格拉底参战三次，所以他从中获得了丰富的军事知识。 在色诺芬的《回忆苏格拉底》一书中就有不少的篇幅记述了苏氏与别人讨论军事问题的情形；在柏拉图的不少对话篇中也记述了苏格拉底常用军事实例来论证他自己的哲学思想。 而苏格拉底在战争中英勇的表现，使得他的名气更进一步提升了。

苏格拉底在法庭上自我辩

苏格拉底

苏格拉底

护时，他主张勇敢善战，他说："各位雅典人，我曾被你们选中去参加波提狄亚战役、德立安会战和安菲波利之战。当指挥官命令我，守护某个据点时，我绝不会有辱使命，也绝不会比别人逊色，为了保卫指挥官所分配给我的岗位，我是不惜牺牲生命的……"

戴奥真尼斯、雷雨修斯也曾叙述同样的事实："苏格拉底参加安菲波利之战之前，曾在德立安会战中，拯救过从马背上摔下来的色诺芬的性命。当大家处于十分危及的情况并要纷纷撤退时，苏格拉底却能十分冷静地迎战，还要不时的环顾四周，以防别人偷袭他。这些，苏格拉底都能随时提防和应付，然后才从容不迫地跟随军队撤退。他也参加了波提狄亚包围战。当时因为陆地上到处都是战争，军队无法走陆路，只能坐船出征。记得有一天晚上，船仿佛是受到诅咒一样，被困在一个地方无法前行和后退，但苏格拉底一样表现得十分冷静。而从苏格拉底在波提狄亚包围战中所表现的冷静的从容的态度来看，他应该是要受到上级褒奖的，但听说他却将荣誉让给了阿尔喀比亚德。"

波提狄亚包围战是伯罗奔尼撒战争的序幕。柏拉图的柏拉图在《卡尔米德篇》中，就是记录苏格拉底刚从波提狄亚包围战回来的情形："我前天晚上刚由波提狄亚包围战中，奉令派遣复员军回来，由于一时无法再去，但是极盼能再到那里，因那是我所喜欢的地方。因为这种心情，所以我就到巴西雷亚神殿对面的陶雷俄斯

伯罗奔尼撒

苏格拉底
Sugeladi

斗技练习场去了。 在那里，我遇到了许多人，虽然有几个陌生的面孔，但大部分的人是我所认识的。 当他们看到我进来时，远远地就和我打招呼。 开瑞丰仍然像以前那样热情，从那些人里面跑出来，握着我的手说：'苏格拉底，你怎么从那场战役中安全回来的？ 我们离开了那个地方之后，才发生战事，而这里的人们，一直到现在才听到了有关那场战役的事呢！'

我回答他说：'诚如你所看到的。'

开瑞丰又说：'这里的人都知道那次战役非常激烈，而且许多人都死在了战场上。'

'这消息倒是非常准确。'

'可是，你也参加了那次的战争呀！'

'我是在场。'

'……那么，请你坐在这里，我有话问你。'开瑞丰说着，让我坐在卡雷斯休斯之子克利提亚的旁边，我坐下之后，就向克利提亚以及其他的人相互问候了一阵。 开始有人向我问这问那的，我也按照他们所问的，把军队里所发生的事，全部都告诉了他们。"

雅典古迹

苏格拉底

阿尔喀比亚德在《会饮篇》中也将这次会战所发生的问题，叙述得很清楚。阿尔喀比亚德首先描述苏格拉底曾经因为陷入自我的冥想，而站了整个晚上。他说："那次的会战，就和你们所知道的一样。在战争发生之后，我从指挥官那里获奖，其实，苏格拉底也应该受到褒奖才对。因为他没有丢下受伤的我，而解救了我，并且还将我的武器一起带回来了。不管你们是否将责难我，或是说我撒谎，我真的曾经向指挥官主张应该颁奖给苏格拉底，但指挥官因为我是贵族，所以给我奖赏。而且那时候的苏格拉底，认为自己没有资格受奖，也非常赞成我获奖。"

　　公元前 424 年的德立安会战中，雅典惨败。这次会战的指挥官拉凯斯也曾这样叙述："吕西马科斯！你要把那个人（是指苏格拉底）留住，因为他在任何地方，都知道要尊敬自己的父亲和祖国。当德立安会战失败时，我正与他在一起，所以我能断言，如果其他的人也像他一样勇敢，那么我们国家的光荣就可以保住，绝对不会被别人打败。"

　　这是摘自柏拉图对话录《拉凯斯篇》中记述将领拉凯斯的话语。在德立安会战中，与苏格拉底并肩作战的除了拉凯斯外，还有阿尔喀比亚德，他在《会饮篇》中描述过这次的会战，同时还回想起拉凯斯的事："各位，了解德立安的派遣军将要撤退时苏格拉底所采取的态度，才是最重要的。那时，我骑着马，那些没有装备的士兵只能徒步而行，因此，我必须等军队全都疏散后才能撤退。这时，我看到苏格拉底与拉凯斯两人一起行动，我叫他们鼓足勇气，继续奋斗下去，我绝不会把他们丢弃的。在此战役中，我能够比在波提狄亚包围战里更详细地观察苏格拉底——因为我本身骑着马，而且也没有恐惧感——我充分了解到，他比拉凯斯优秀得多。当时，他非常镇定地观察敌人的军队，以极其冷静的心态行走，任何看到他这种神采的人，都会觉得与这个人一起行动会非常安全，因为他一定会非常勇敢地保护自己。他没有负伤，而且平安地离开了战场；连和他一起行动的人，也同样平安地脱离危险。 所以在战况危急的时刻，能保持沉着冷静的态度，就不会遭受到敌人的袭击；相反的，如果仓皇失措，就很容易的遭到敌人的攻击。"

苏格拉底除了早年跟随去萨摩斯岛远征之外，他参战三次。在这三次战争中，他表现得果敢坚强，而且不顾自己安危救助战友，这为他赢得了好名声。 苏格拉底的战友都给予他极高的评价。 从这一角度来看苏格拉底，他不愧是人类先哲的表率。

克桑蒂贝

苏格拉底在他的第一任妻子故去后又续了弦。 他的继室名叫克桑蒂贝。 他们大约是在公元前 419 年结婚的，那年苏格拉底 50 岁。 因为在苏格拉底喝毒酒就刑时，他的妻子带着三个孩子去探望他见最后一面时，大儿子才 17 岁，其他两个还很小，懵懂不知。 因此，从时间上推算，苏格拉底和克桑蒂贝结婚时，可能已是中年了。

柏拉图在对话录《斐陀篇》中形容，苏格拉底的妻子克桑蒂贝是一位对爱情非常专一的女性。 她在苏格拉底即将就刑前去狱中见他最后一面时，号啕大哭，悲恸欲绝，这正是她对苏格拉底深深爱恋的表现。 色诺芬在《苏格拉底回忆录》中也没有说克桑蒂贝是泼妇；但是，亚历山大的学者，却认为克桑蒂贝是一位固执而凶悍的女子，稍不如意就会对苏格拉底恶言相向。 有关她平日饶舌撒泼，在苏格拉底的圈子里有人将此传为笑谈的记述。 但苏格拉底道德高尚，待人十分真诚，当然对他的妻子克桑蒂贝也不例外，因此他们之间的感情很是深厚。 所以当苏格拉底即将行刑的时候，克桑蒂贝痛苦万分。 犬儒学派的创始人苏格拉底的弟子安提斯泰尼曾经询问过苏格拉底，他怎么能同

"最惹人烦恼的女人"过日子？ 苏格拉底十分风趣地回答道：正如驯马师必须驯服最烈性的马，而不是驯较易驯的马一样。他自己的抱负是要能够与各式各样的人相处，他娶妻之所以娶克桑蒂贝，就是因为如果他能说服她，就不会有别的人不能劝服了。

苏格拉底和克桑蒂贝还有很多有趣的事情：有一次克桑蒂贝在家指责苏格拉底每天总是外出与青年交谈，根本不顾家。 随即，苏格拉底又走出家门去和青年们交谈了。 他刚一出门，他的妻子就在他的背后从头上泼下一盆水。 这时，苏格拉底毫无怨尤地说道："我知道，响雷之后必然有大雨呢！"由此可见苏格拉底的幽默和风趣，他豁达的性格也由此表露出来。

虽然后人给克桑蒂贝扣上了泼妇的恶名，但是我们认真阅读柏拉图和拉文修的原始记录，就会知道，克桑蒂贝并不是一个泼妇，而苏格拉底也深爱着他的妻子，没有一点后世某些独身哲学家在感情生活上的偏执。 他们的这种正常的生活也表明，苏格拉底虽然一直孜孜不倦的追求着哲学，但是并不是对生活什么都不了解的怪物。 拉文修曾说过苏格拉底曾有两位妻子：克桑蒂贝和米尔陀，甚至有传说他同时有两个妻子。 但是后来史学家指出，在当时雅典的法律上是一夫一妻，所以说，苏格拉底有两个妻子是不可能的。 苏格拉底与克桑蒂贝相差三十岁左右，属于老夫少妻。 所以，克桑蒂贝难免会有些任性，比如上面所说的用盆水泼他，甚至在大街上把他的外套扯下来。 但克桑蒂贝是理解他的，苏格拉底请朋友到家里来做客，高谈阔论时，克桑蒂贝总是热情的招待他们，她生怕会让苏格拉底的这些朋友认为苏格拉底怠慢了他们。 而苏格拉底在临终前，克桑蒂贝哭得死去活来，苏格拉底让人把她送回家，她对苏格拉底说的最后一句话是："你所剩的时间已经不多了，你好好地与你这些好朋友谈谈吧！"依照常理，在丈夫最后的时刻，妻子是多么想陪在丈夫身边，但是克桑蒂贝了解苏格拉底一生追求的事业，将最宝贵的时间让给了苏格拉底的朋友们。 由此我们可以看出克桑蒂贝对苏格拉底深沉的爱。 苏格拉底对克桑蒂贝也十分的宠溺。 当克桑蒂贝为她为客人准备的饭菜太寒酸而感到担心时，苏格拉底安慰她说："没有关系，如果他们懂得道理，自然就会接受，要他们不接受，那就说明他们不明事理，大可不必为此烦恼。"而克桑蒂贝是个性格强悍的人，脾气很大，而且和大多数女人一样爱絮絮叨叨，阿尔喀比亚德受不了这种絮叨，苏格拉底说自己已经习惯了，"就像习惯于辘轳的不断咕噜声，而且你也不会介意鹅的咯咯叫吧"。 阿尔克比亚德说"当然不介意，但鹅可以给我下蛋哪！"苏格拉底说："克桑蒂贝也给我生孩子了啊！"

苏格拉底可以说是处理家庭矛盾的高手，如克桑蒂贝当着一些人的面扯掉了他的外套时，苏格拉底的朋友们都很气愤，还有人唆使苏格拉底去打克桑蒂贝，苏格拉底当场拒绝了这种煽动，回答说："你是等着我们俩打起来后鼓掌助兴、看热闹吗？"

由于克桑蒂贝性情急躁，引起儿子兰普罗克勒斯的不满。于是苏格拉底对儿子循循善诱，向他讲述了有关父母的养育之恩，不应该忘恩负义，要尽孝道。 这是因为"国家对那些不尊重父母的人可处以重罚，不许他们担任领导职务，认为这样的人不可能很虔敬地为国家献祭，也不会光荣而公正地尽其他职责"。 这是色诺芬在他的《回忆苏格拉底》的第 2 卷第 2 章第 13 节中记述的。

事情是这样的：有一次，苏格拉底的长子兰普罗克勒斯惹克桑蒂贝生气，苏格拉底看到这个情形，就当场教训他，但他反而对苏格拉底说："母亲那种暴躁的脾气，谁都无法忍受！"

苏格拉底说道："野兽的残酷及母亲的残酷，哪一种比较令你无法忍耐？"

兰普罗克勒斯回答说："我认为是母亲这一边。"

苏格拉底又问："那么到目前为止，你的母亲有没有咬过你，踢过你？有很多人被野兽咬过、踢过。"

兰普罗克勒斯说："虽然她没有这样对待过我，但是，就算她能将全世界的东西统统给我，我也不愿跟她在一起，我实在不想听她骂人的话。"

苏格拉底说："我记得小时候你就很顽皮，常说些不该说的话，增添你母亲许多麻烦，尤其是你生病时。"

兰普罗克勒斯说："但是，我也从来没有做过一件事，或说过一句话，使母亲觉得羞耻。"

苏格拉底说："你母亲说的话，会比演戏时，两个人的对话还要难听吗？"

兰普罗克勒斯说："演戏是演戏，与现实生活不同。演戏时的打骂是因剧情的需要，不会使对方心灵受到伤害。"

苏格拉底说："但是，你应该也很清楚，你母亲所说的话，并没有恶意，相反的，她却是希望你比别人更好，更有出息，你何必生气！难道你认为，母亲对你怀有恶意？"

兰普罗克勒斯说："我没有如此想。"

这时，苏格拉底继续说："你生病时，你的母亲向神祷告，希望神赐福给你，你认为她冷酷吗？像这种母亲你都无法忍耐，我想，你大概对任何事都缺乏耐心，难道是有人指使你这样做吗？或是你已下定决心，不想让任何人高兴，无论他是谁，你都不顺从他们的话。"

兰普罗克勒斯说："我当然不是这样想的！"

苏格拉底说："你冷时，别人会替你生火取暖。每个人都希望周围有帮他做好事的人，你若不信，可以想想看，当你失败时，是不是希望有人为你带来好运，帮助你呢？你是否也希望邻居都喜欢你呢？"

兰普罗克勒斯说："没有错，我是这么想的！"

苏格拉底说："还有，当你在陆地或海上旅行时，你的同伴或是你曾经遇见的所有人，无论这些人是你的朋友或是敌人，与你一点关系都没有吗？或许这些人的好意，对你是很重要呢！"

兰普罗克勒斯说："我认为是很重要。"

苏格拉底说："既然这些事你都懂，为什么对你的母亲这样不尊重？这样做对吗？国家对忘恩的人不加以惩罚；对受到恩惠而不报答的人，也会原谅，但是唯独不能宽恕不尊重双亲的人，不孝顺的人会受到惩罚，他要是领导者，他的资格会被取消。国家进行祭典时，这类人的祷告不会被接受和感激；不仅如此，如果有人不去参加已过世双亲的祭典，国家就会派人调查他的身份，并惩罚他。 所以，孩子，你要好好想想，假使有不孝敬父母的行为，要立刻请求神原谅你，否则神会认为你是一个不知感恩的人，而不赐福给你。 其他人也会因你对双亲的不尊重，而轻视你，最后你将成为没有朋友的孤独者，因为一旦人们发觉你是不知感恩的人，就会认为没有必要与你打交道，更没有必要对你好，因为你不会感谢他们。"

苏格拉底又开导他说："你应该不会认为人们是为了情欲，才生孩子的吧！"苏格拉底希望缓和儿子与妻子克桑蒂贝之间的隔阂，并使儿子感觉父母责任的重大与艰巨。

作为男人，他必须照顾妻子，必须为即将诞生的孩子的一生的利益打算，并且为此做好准备。 女人冒生命的危险怀孕，不但担负着很大的责任，还要忍受痛苦，要费尽力气才能生出孩子，她不但没有得到任何回报，还要照顾、抚育、培养她所生出的儿女。 刚出生的婴儿并不知道这是谁在照顾他（她），也无法说出自己的需要，身为母亲的人，必须主动而耐心地去了解婴儿究竟喜欢什么、需要什么。 母亲要花一段非常长的时间，不分昼夜地照顾孩子，但是从未想过，孩子将来会如何的报答她。一般父母都认为，光是让子女衣食不愁是不够的，子女一旦到了学习的阶段，双亲必须将自己所知道的、有关为人处世的方法全部教给（她），如果有学问比自己更好、品德比自己更优秀的人，还必须花钱让子女去向那个人学习。

总之，为了使自己的子女成为更完美的人，父母总会倾其全力的。 苏格拉底在最后的辩白中，说出了自己对孩子的期望。他法庭上极为坦诚地对宣判他死刑的审判官及投票赞成他有罪的人说道："有一天，我的儿子要是长大了，希望你们也让他（们）像我一样，接受痛苦吧！ 我的儿子若不致力于学问，却为金银疲于奔命；不像一个真正的人，却偏偏自以为是堂堂正正的人，你们可以加以处罚，这样，我和我的儿子，都可以从各位那里，得到相同的待遇。"

这也可以看出苏格拉底对自己子嗣的殷切希望，他对子女的教育方法和教育观念在现代来说还有着十分积极重要的意义。

担任公职

公元前413年时，苏格拉底五十七岁。那时，斯巴达军占领雅典国境的城堡戴凯利亚，从此希腊内部的战争开始全面拉响。

这时，苏格拉底的弟子阿尔喀比亚德，向大家宣布了征服西西里的计划，他自认为自己是雅典的宠儿，因此极力鼓吹他的美梦。公元前415年，他终于成为雅典海军舰队的总司令，率领舰队远征西西里。但是远征军没有出发多长时间，雅典就发生了一件很诡异的事件。在雅典城里，每一个家庭的四方石柱上，都刻有神的脸，即赫尔墨斯神庙塑像。但有一天夜晚，它们全部被毁坏，大家都认为这是阿尔喀比亚德和他党徒所做的。因此，雅典法庭以污辱神的罪名，将阿尔喀比亚德召回雅典来接受判决。但在回雅典的途中，阿尔喀比亚德却逃到了斯巴达，因为他的叛逃，阿尔喀比亚德被雅典法官判决为死刑，逃到斯巴达的阿尔喀比亚德，对雅

赫尔墨斯

典放出冷箭，背叛了雅典，并且建议斯巴达人在阿提卡兴建城堡。 阿尔喀比亚德为斯巴达阿基斯一世出谋划策，从而使斯巴达击败雅典联军。 后来阿尔喀比亚德与斯巴达王反目，公元前413年他又逃到波斯总督提萨弗尼那里。 在四百人寡头政治结束后他受忒哈斯布鲁斯邀请返回雅典。 公元前410年他带领雅典的爱琴海舰队击败伯罗奔尼撒舰队，公元前408年又收复拜占庭，但没有多久，斯巴达新的军事领袖鲁散德率军于公元前406年击溃雅典海军，阿尔喀比亚德再次逃到斯巴达，而苏格拉底也在此时开始担任公职，那时他已六十四岁了。

赫尔墨斯

　　赫耳墨斯是希腊奥林匹斯十二主神之一，是宙斯和玛亚的儿子。他出生在阿耳卡狄亚的一个山洞里，因此他最早是阿耳卡狄亚的神，是自然界化身。 奥林匹斯统一后，他成为畜牧之神。 传说他穿着有翅膀的鞋子，手持魔杖，因此他成为宙斯的传旨者和信使。 赫耳墨斯也被看成是行路者的保护神，人们在大陆上立有他的神柱，同时他又是商人的庇护神，也是雄辩之神。 传说他发明了尺、数和字母。

　　赫尔墨斯神同时也被视为是欺骗之术的创造者，他把诈骗术传给自己的儿子。 同时他还发明了七弦琴，是希腊各种竞技比赛的庇护神。在希腊传说中，他是第一个教会人们在祭坛上点火，要求人们焚化祭品的神。 有时他也做亡灵的引导者。 赫耳墨斯也是身怀盗窃之术的神，他曾经与众神开玩笑，偷走了宙斯的权杖、波塞冬的三股叉、阿波罗的金箭和银弓、战神的宝

赫尔墨斯

赫尔墨斯

剑。传说他在皮埃里亚山谷曾经偷走了阿波罗的50头牛，为了不留痕迹，他把牛脚绑上苇草和树枝。当他赶着经过玻俄提亚时，遇到了一位老人，他让老人不要告诉别人。可他后来又不放心，于是又变成另一个模样找到老人，问他是否看见一个小孩赶牛经过时，老人不知内情，就告诉了他小孩的去向，赫耳墨斯十分生气，就把老人变成了石头。随后，他回到森林，继续把牛往前赶，到皮洛斯后，他杀了两头牛祭神，其他的藏于山洞，后来阿波罗发现自己的牛被盗后，就找到了赫尔墨斯，宙斯命令赫耳墨斯交还牛群。当阿波罗拉着自己的牛走出山洞时，赫耳墨斯正坐在山洞口的石头上弹琴，美妙的琴声深深吸引了阿波罗，他答应用牛换琴，最终，赫尔墨斯得到了阿波罗的牛。

公元前406年夏，雅典的军队在莱斯波斯岛与阿基纽西群岛间的海面上大胜斯巴达军队，但是，却牺牲了二十五艘战舰和四千名士兵。当时雅典人认为，若不是指挥官的怠慢、不负责任，这些人就不会牺牲了。

后来，由五百人评议会所选出的五十个委员，对这次战争的指挥官进行审判，苏格拉底是委员中的一名，所以，他也参加评决。这个判决的经过，在柏拉图对话录的《辩白篇》中曾有记载："你们知道，到目前为止，我（苏格拉底）还从没有担任过公职，只当过政务审议会的议员。你们决定讯问那些在海战中没有救助漂流者的将军。他们不顾士兵死活的作法，被公认是违反人性的行为。

那时，执行的委员中，只有我一人反对如此残酷的判决，其

苏格拉底
Sugeladi

他的议员都想要弹劾我、逮捕我。 但我相信，如果我害怕被关在牢中或被判死刑，我随时可以推翻我的主张而同意他们的判决。 但拘禁和死刑，已不再让我害怕，我永远都是法律和正义的信徒。

还有一件事情，发生在寡头政治实行之时，有一天，30位委员应用'库里契阿斯的独裁制'，下了一道命令，把我和其他四人叫到他所在的本部，叫我们到萨拉密斯岛将勒翁抓来处死。他们经常下达这样的命令，他们忙着整人，陷害人，好像要杀尽异己而后快。 我没有听从他们的这道命令，而且我还用实际行动来表明我对死一点也不在乎，我决心，不合乎正义的事我是不会去做的。 所以，当时的统治者，虽然凶狠，仍然不能威胁我，逼我做不正当的事。

其他四人前往沙萨拉密斯岛，将勒翁带去，然后对他执行死刑，我却独自一人回家。 假使当时的政权不是很快就崩溃的话，可能我也会被抓去处死。 我曾经想过，只要我担任公职，一定要采用好人的好方法处理公事、维持正义。 若不是我在此时才担任公职，可能我不会活到这个年龄。 无论是担任公职或处理我的私人生活，我都绝不会轻易改变我的态度的。"

对于抱定这种信念的苏格拉底，他随时都面临着生命的危险。 但是，他已经具备应付这种危险事情的方法和智慧，即当死亡和抛弃正义让他选择的时候，他会毅然决然的选择死亡。什么是敬神？什么是不敬？什么是美？什么是丑？什么是正义？什么是思考？什么是疯狂？什么是国家？什么是政治家？什么是政府？什么是统治者？宗教是什么？害怕和胆怯又是什么？这些问题都是苏格拉底所关心和探索的问题。

苏格拉底绝不会为向权贵献媚而违背正义，贵族的权利不会使他害怕，更不会让他屈服。

公元前404年，雅典对斯巴达无条件投降，在斯巴达将军赖山德的命令下，雅典的民主政体被解体，产生了一个"三十人委员会"实施独裁，而苏格拉底依旧坚持他的理想，不因局势改变而变节。

公元前 403 年，苏格拉底六十七岁，柏拉图二十五岁时，雅典的民主政治再次登上雅典的政治舞台，但是，这时的民主政治不是苏格拉底理想中的有人性的国家制度。 而且这时的苏格拉底，竟然被一些人称为"培养叛逆者的人"。 说这样话的人，也有苏格拉底的朋友，例如，克里提亚和卡尔米德。

克利提亚是柏拉图母亲的堂兄弟，是"三十人委员会"中最极端派的一员。 卡尔米德也是柏拉图的舅舅，与欧梯得摩斯相知甚深。 这里的欧梯得摩斯与柏拉图所撰写的《欧梯得摩斯篇》中的欧氏并非同一人。 欧梯得摩斯是苏格拉底的弟子，卡尔米德利用他、诱惑他，作为老师的苏格拉底看到这个情形，曾说："君子不会像乞丐要求食物一样，对自己的朋友去恳求、哀求，这不是自由人应有的行为。"

但是，卡尔米德并没有听从苏格拉底的教导，也不改正自己的行为，因此苏格拉底在欧梯得摩斯及许多人面前大骂："卡尔米德的脾气简直像猪一样，猪用身体去碰石头，就如同卡尔米德的身体摩擦欧梯得摩斯的身体。"

卡尔米德听到这句话后，就开始非常痛恨苏格拉底，所以，当他成为"三十人委员"中的一员时，就在法庭里对被告的苏格拉底提出一项规定——"禁止传授说话的技术"，这等于是禁止苏格拉底和青年们谈话，即不让苏格拉底和青年们互相交流、切磋。

当苏格拉底看到"三十人委员会"任意对比较有声望的庶民处死刑，并且又煽动其他人们进行卑鄙恶劣的行动时，苏格拉底再也无法保持缄默了；所以，他对此作了一番批评，他说："如果有一位牧牛人，他所牧养的牛群一天天地减少，牛也一天天地瘦弱，而他仍然不承认自己是个不称职的牧牛人，这不是一件很可笑的事情吗？就好像一个国家的领导者，他国内的人口一直在减少，国家的道德也一直颓废不振，可是他并不觉得这是耻辱，也不承认自己是个不尽职、不够格的政治家，这不是太不可思议了吗？"

当有人听到苏格拉底的这番议论时，就检举了苏格拉底。因此卡里库勒斯和克利提亚就把苏格拉底召来，把有关"禁止教导说话的技术"那条规定给他看，表示法律是禁止他和年轻人进行交谈的，随后，苏格拉底就向他们说道："对于这个规定，我实在不了解，能不能给我解释一下呢？"

"可以！"他们说。

苏格拉底说道："我愿意遵守法律，可是担心自己因不了解法律而触犯法律，所以想问问你们，你们禁止我教辩论术的目的是什么？是你们认为我指出了事实吗？还是你们认为我讲了虚伪的话？如果你们认为我讲的是虚伪骗人的话，那么以后我就要讲事实了！"

听到这里，卡里库勒斯很生气地说："苏格拉底！你可能不了解我们话中所包含的意思，我再清楚地告诉你，无论如何，你不可以和年轻人说话。"

苏格拉底回答说："我担心会在无意中违背了你们的命令，所以请你们告诉我，年轻人的界限究竟是几岁呢？"

卡里库勒斯说："凡是还没有能力明辨是非以及尚未成熟的人，都是年轻人，你都不允许和他们交谈。说明白一点，就是没有到达审议员的年龄，也就是说，你不可以和三十岁以下的人说话。"

苏格拉底说："如果我上街去买东西，而那位老板却是三十岁以下的人，那我也不可以询问他东西的价钱吗？"

卡里库勒斯说："这是可以的。可是，苏格拉底，你好像对自己所熟悉和明了的事情，有一种不断质问的毛病。你应该知道，这种习惯是不好的。"

苏格拉底说"照你这么说，如果有年轻人问我一些我所知道的问题，比如说：请问卡里库勒斯住在哪里？或是克利提亚住在哪里？这些问题，我也不能回答吗？"

卡里库勒斯说："当有人向你问这些问题，你当然可以回

苏格拉底

答。"克利提亚插嘴道："苏格拉底，你千万要记住，不可以再去骚扰木匠和铁匠了！因为根据我们的观察，如果你时常谈到他们的事情，就会损害到他们。"

苏格拉底这时又问道："假如那些木匠和铁匠来问我有关正义、信念，或者其他思想上的问题，我也不能回答吗？"

卡里库勒斯说："是的，你不可以回答。而且你也不能再讲到有关牧牛人的事情，如果你不改掉这些，那就要小心你本身的牛群数量就会减少。"

从这些话中我们就可以了解到，卡里库勒斯和克利提亚对苏格拉底生气的原因，就是听到了苏格拉底所谈的牧牛人的事情。苏格拉底举牧牛人的例子意在讽刺三十人委员会残害人民，教唆希腊人做坏事，而又不承认自己所做的事情。因此，苏格拉底受到了他们的威胁，但是苏格拉底却毫不退缩，从中我们可以看到苏格拉底的高尚品质。

控 诉

公元前 404 年是有光荣历史的雅典最为不幸的一年，因为雅典战败，在这一年，向斯巴达无条件投降。斯巴达将军赖山德下令取消雅典的民主政体，成立了一个"三十人委员会"实行独裁专政。这一年，苏格拉底已经 66 岁，但是他仍然坚持自己的理想，没有因任何事情而变节。但是此刻危险已经来临。先是有人传播流言，给苏格拉底扣上"培养叛逆者的人"的帽子，随后当局规定，禁止他与青年人讲话。这样苏格拉底的生命随时都遇到了危险。有关伟大雅典光荣的过去只能保持在某些人的内心，这样，他们对苏格拉底的理解、同情及支持也只能隐藏在自己的内心中，无法表露出来，更不能化为一种力量在道义及行动上声援苏格拉底。

公元前 399 年，伟大的苏格拉底被三个雅典人：墨勒托斯——拙劣的悲剧合唱歌曲的作者，安倪托斯——制革的匠人及吕孔——演说家，一起到雅典的法庭指控苏格拉底。他们的起诉状如下："匹托斯居民墨勒托斯之子墨勒托斯，就以下事宣誓——我告发爱罗匹格区民索福罗尼斯克斯的儿子苏格拉底，他不承认国家所规定的众神，引入其他的神（宗教行为），并且蛊惑青年犯罪，我们要求将他判决死刑，以正国法。"

但是事实真是如此吗？他们所说的这些罪状又真的成立吗？

起诉书中说，苏格拉底"不承认国家所规定的众神"。事实上，古希腊的哲学家们，几乎个个都不相信国神，甚至有人否认神的存在；而苏格拉底则是唯一没有否认神的存在的哲学家，并且还常常劝人们敬神、按礼节膜拜神明。

至于说他"引入其他的神"，更是荒诞不经了！控告者所依据的是，苏格拉底自称受某种无形的内在声音所指导。但是，如果这就叫"僭立新神"的话，也太过牵强了。而另一项罪名说苏格拉底"蛊惑青年犯罪"，关于这一点，勉强可引为依据的是他的弟子阿尔喀比亚德背叛雅典，至于说他对雅典青年有不好的影响，那实际是人们的误解。

从现在来看，苏格拉底先哲的地位已经获得肯定，但在当时的雅典却不是这样的。苏格拉底相信自己的言论，绝对是真实且不违背真理的。他从来没有刻意地鼓动风潮，所有追随他的人，都是心甘情愿，自动聚拢在他身边的。无论在家里、在市场，或与弟子讨论时，他都能提出精确的理论，并有新意，以此来阐释真理。但是有些人却认为苏格拉底虚伪、有罪，他们开始调查他的不正当的言论，并公开讨伐苏格拉底的罪行。就因为这些人无耻的控告，苏格拉底背上了莫须有的罪名。他们说，苏格拉底费了不少时间在致力于天文学、地质学的研究，并且歪曲事实，煽动青年，使青年不明事理，误入歧途。这种说法，在各处流传，而且流传范围极广，连苏格拉底都感到芒刺在背，十分不安，继而自己也因此感到可怕了，因为在当时，研究天文学、地质学，就等于是不相信神的存在。

最令苏格拉底迷惑的是，究竟是谁在散布这些谣言？他只知道其中有一名是剧作家，叫阿里斯多芬，他所写的一出喜剧《云》，极力讽刺苏格拉底。

苏格拉底雕像

《云》主要叙述的是：在伯罗奔尼撒战争中阿提卡的农夫斯瑞西阿得斯全家流落在雅典城内，十分的穷困。他的儿子又染上了赛马赌博等恶习，全家债台高筑。怎么做才能摆脱这些困境呢？斯瑞西阿得斯想出了一个招，让他的儿子到苏格拉底所主持的"思想所"去取经。

因为这个"思想所"聚集了一批智者，他们所传授的论辩术，借此可以颠倒黑白，将讨债的支走。但是他的儿子对却不以为然，不愿意和他们为伍。于是斯瑞西阿得斯只能亲自去拜访苏格拉底了。给他开门的是苏格拉底一位弟子，他抱怨斯瑞西阿得斯打断他对某一问题的思考。农夫斯瑞西阿得斯问这位弟子在思考什么问题时，他却转弯抹角不回答，但他却透露了苏格拉底一些所谓精深的研究：如刚才有只跳蚤咬了开瑞丰又跳到苏格拉底头上。于是，苏格拉底问开瑞丰跳蚤跳的距离是它的脚长的多少倍？蚊子发出的嗡嗡声是出自口还是尾？又如月亮的轨道是如何测定等等。农夫斯瑞西阿得斯十分迫切地希望见到苏格拉底。 他蛰居在屋顶低矮的"思想所"里，这时门开了，里面放着天文观察仪器、世界地图及其他一些很奇怪的东西。 苏格拉底的众弟子正在进行着奇特的研究：有一些人趴在地面上试图窥测到地狱的秘密，而有的臀部朝天，旨在研究天象。 这时，苏格拉底本人则坐在一只悬空的吊篮里，宣称他在"逼视太阳"，他说："我若不将心思悬在空中，如果不将我的思想溶入空气里，就不能窥测天体"；若是站在地面就什么都看不到了，因为地面的浊气会吸走他思想的精髓。

在《云》中，苏格拉底说在教育上有"正义因"和"非正义因"之分。 "正义因"是指在教育上，使年轻人具有美德，敬神、爱学习和和自制，讲廉耻、尚俭朴、敬老、行孝、守纪律、会唱士气高昂热爱城邦的战歌；要进行体育锻炼，青少年才会因此身心健康。 而"正义因"指责"非正义因"在教育上是使青年人淫靡成风，不尊敬神灵，喜欢游手好闲，无所事事，挑起奸诈的诡辩，让青少年的心灵受到不良影响，以致发育不全、懒、怠、娇、沉沦、堕落等。 作为"非正义因"的一方却自诩所发明的种种奇谈怪论能够"战胜正直的强者"，并将一切法令驳倒。 "非正义因"举出一些希腊神话故事来批驳"正义因"给青年设置的清规戒律，对美德进行嘲讽，认为这毫无用处，鼓吹青年人要到市场上去进行演讲和辩论的实践。 "非正义团"提出应该摒弃节欲说，并宣称若是不享受感官乐趣生命就没有意义，因为饮食和男女，这些都是人的欲望，青年只有尽情欢愉，才能去矫饰。 双方辩论的结果是"正义因"输给了"非正义因"一方。 这样，老农民斯瑞西阿得斯要求苏格拉底一定要把"非正义因"这种罗格斯教给他的儿子。 苏格拉底向老农夫保证，肯定要将他的儿子训练成为一名极其成功的、辩无不胜的智者。

过了些日子，农夫斯瑞西阿得斯十分高兴地将自己的儿子带了回来。 他已经看出，自己的儿子确实已经练成了"抵赖和好辩的风度"，他具有能否定思想中"矛盾"的辩论术。 他的儿

苏格拉底

子的确已掌握论辩术，例如通过这个年轻人对"新旧日"是"还债日"进行驳斥，认为两者相反，不能并立，犹如少妇不是老太太那样。 老农夫对儿子的辩驳内容及辩才十分赞赏，欣喜若狂。 这时，正要设宴庆祝儿子学得辩论的绝技时，恰巧这时有两个讨债的来了，他的儿子一显身手就将讨债的撵跑了。 但老农夫却自食其果。 儿子和父亲就诗歌与家庭伦理展开辩论。 老农夫有关诗歌的看法还是传统的，认为西摩尼得斯和埃斯库罗斯颂扬马拉松时代的诗歌是"正声"，而认为欧里庇得斯的诗是道德堕落。 儿子却不这样看，认为所说的三位都不是好诗人。 这时年轻人唱起描述诱奸同父异母妹妹的歌词。 于是父子俩人互相吵起来了，儿子还动手打了老子，更有甚者，儿子还在喜剧的歌队前用诡辩术证明，因为"儿子是自由人"，老农夫作为父亲却返老还童了，比儿子还要年轻，所以应该打。 因为法律是人制定的，故而再制定"儿子回敬"其父的新法律也是完全可以的。 老农夫作为父亲十分生气，对云神指责起来，认为是云神将他的儿子引入歧途的。 而云神却说，坏事是自己做的，云神自称他是要使那些做坏事的人遭到不幸，让他们对神灵要有所敬畏。 于是老农夫悔恨了，不应该欠债想要赖账。 老农夫气得神经错乱了，儿子不去管他。 这时老人边走边骂，说是苏格拉底的教导害了他。 于是老农夫决意要去将那些空谈者的"思想所"烧掉。 苏格拉底的众弟子来问老农夫干什么。 老农夫回答道，他是在屋顶上和梁木上对逻辑进行分析。 苏格拉底也来问这位老人干什么，老人回答说是在空中行走，逼视太阳。 最后在火光与喊打声中苏格拉底及诸弟子退场。

阿里斯多芬写《云》的主旨是在抨击苏格拉底。 《云》是在公元前 423 年上演的，获"第三奖"，等于失败，这是阿里斯托芬始料不及的，因为他撰写《云》倍下工夫。 这部喜剧上演时苏格拉底已经 47 岁，正是他年富力强的顶峰。 这时，距开瑞丰去德尔菲神庙求神示，说苏格拉底是最有智慧的人的公元前 431 年已经有七八年了。 在此之后的公元前 423 年，苏格拉底当时必定已经十分有名了。《云》中的苏格拉底是被丑化与夸大了的。

　　由于《云》的上演，苏格拉底更为有名，这也给反对苏格拉底的人以口实，认定他的思想是反传统的，认为他抛弃了信仰，将真与善颠倒了。事实上，苏格拉底是个追求智慧，爱好真理的人，所以一生都在研究中，也在不断地改变和进取中，他主张思想自由，他为每个概念寻找定义，他不自以为是，相反还十分的谦虚。为了验证德尔菲神谕是否正确，他曾到各地寻找比自己聪明的人，无论在市场或街角，他都随时请教人们；并对自以为是的人予以反驳，但他这种行为也招来不少的非议。而那些自以为是的人，一旦缺点被暴露和被指出来，就恼羞成怒，对苏格拉底怀恨在心。

　　不仅如此，苏格拉底还被冠上"贩卖知识的教师"罪名，在苏格拉底的观念里，教育别人而接受报酬，是十分合理的事，但是他教导青年，从未收取任何的报酬。因为他觉得，他和那些青年都是朋友，将自己所知道的知识和事情都教给朋友，是对彼此都有益处的事情。

★☆★☆★☆★☆★
资料链接
★☆★☆★☆★☆★

德尔菲神庙

　　在古希腊时期，神庙众多，仅祭祀阿波罗神的就有许多个，其中最古老、最著名的是德尔菲神庙，它被看成是古希腊的宗教圣地。

　　德尔菲位于希腊南部的弗西斯境内，南距科林斯湾大约10公里。传说宙斯想确定世界中心的位置，于是便在相反的方向放出了两只神鹰，神鹰相会之处就是世界的中心。最终，这两只神鹰汇合于德尔菲神庙的一块石头上，这块石头就被看成是世界的中心，又被称为"世界的肚脐"，它是德尔菲最著名的圣物，在古希腊人心目中具有崇高的地位。

苏格拉底

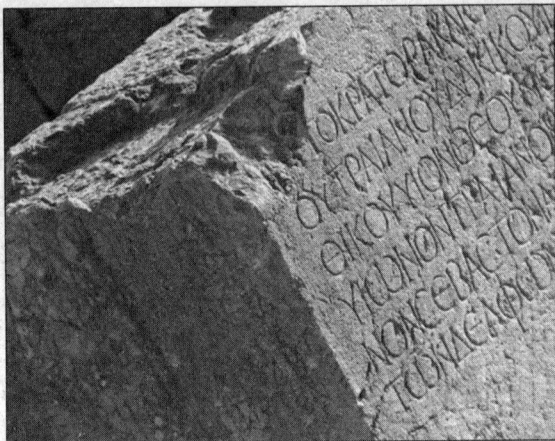
德尔菲神庙遗址

相传，德尔菲的主人最初是地母神盖娅，后为其女儿特密斯。后来一条名叫德尔菲娜的雌性巨蟒占据了这一圣地，该地因此得名为德尔菲。宙斯的儿子阿波罗神用弓箭射死了这只巨蟒，并且成为德尔菲的主人。传说在德尔菲附近的帕纳苏斯山南坡高 610 米的地方有一条裂缝，冒出一种神秘气体，可使人陶醉，达到与阿波罗神相沟通的仙境，聆听他的神谕。后来一个牧羊人偶然发现了这一秘密，公元前 8 世纪，希腊人在此处修建了德尔菲神庙，祭祀阿波罗神。公元前 548 年，神庙为大火焚毁，公元前 510 年又修复一新。公元前 373 年因地震造成的山石滑落使神庙再次受损，公元前 329 年又修葺完好。神庙主殿长 60 米，宽 23 米，用石灰石奠基，上面用大理石砌成。整个建筑分为三个部分，前部大厅的墙壁上刻有古代贤哲的格言，其中最著名的是"认识你自己"和"不要过分"，告诫世人要有自知之明，不是贪婪。古希腊哲学家第欧根尼·拉尔修(公元 3 世纪)认为，"认识你自己"是古希腊第一个哲学家泰勒斯(公元前 624—546 年)的名言。"不要过分"可能是雅典著名政治家梭伦提出的，或者是斯巴达的哲学家契罗提出的箴言。神庙中部竖立着阿波罗、天后赫拉诸神的雕像，并设有始终点燃着月桂树枝的火炉。后部为密室，建于神秘气体的出口处，为人们听取神谕之所。

德尔菲神庙对所有希腊人开放，与希腊友好的外邦人也可前往，问卜内容小至个人私事，大至国家军政要务。神庙由女祭司皮西亚主持，起初由少女，后改由 50 岁以上的妇女担任。皮西亚一般是不识字的妇女，只是到了罗马统治希腊时才允许显贵之家的妇女担当。皮西亚任内必须保持贞洁，身着少女服饰。通常只有一名皮西亚。问卜者通过掷骰子决定问卜顺序，问卜前要向太阳神供奉礼物（先为实物，后改为金钱），并宰杀一只羊祭祀，然后可向皮西亚提出问卜的问题。皮西亚在密室中咀嚼了月桂树叶、喝了圣水之后，就坐在设于神秘气体出口处的三足鼎上，挥动月桂树枝，晃动身体，披散头发，口吐白沫，念念有词，听取太阳神阿波罗的预言，旁边的祭司人员将皮西亚的言语记在纸上，交给密室外边的问卜人，作为太阳神对其问题的回答。这就是古希腊人普遍流行的请示神意。

到了公元前 7 世纪，德尔菲神庙声望越来越大，到了公元前 6 世纪，德尔菲神庙成为全希腊的宗教中心，20 多个城邦将金库设于此地。从公元前 582 年起，每隔 4 年在这里召开一次全希腊的皮西亚运动会，其地位仅次于公元前 776 年在伯罗奔尼撒半岛的奥林匹亚开始召开的运动会。公元前 4 世纪，希腊北部边陲的马其顿王国征服了希腊后，德尔菲神庙的地位就一落千丈。公元前 2 世纪初，罗马征服希腊，神庙屡遭破坏，公元前 86 年罗马大将苏拉抢掠了其金库，罗马皇帝尼禄（公元 37—68 年）一次就抢走了 500 尊铜制神像，公元 390 年，罗马皇帝狄奥多西正式封闭了德尔菲神庙，从此神庙逐渐陷于湮没，成为一片废墟。1881 年才被考古学家再度发现，1891 年法国购买了建于神庙遗址之上的卡斯特里村，1892 年开始系统发掘，使德尔菲神庙重见天日。

告发者

在雅典，对苏格拉底的憎恨与毁谤的人似乎越来越多了，但是这些诽谤并不能降低苏格拉底的言论和行为的价值。苏格拉底一生充满了真实、勇气、思考和高尚的道德。任何人的诽谤都无法击败他所阐释的哲理，就连控告他的三个人也毫不例外。

三个给苏格拉底罗织罪名的人，为首者是墨勒托斯。他是一位拙劣的悲剧合唱歌曲的作者，也就是悲剧诗人，不过技巧拙劣，名声不佳，当时年纪较轻。 他"长着一个鹰钩鼻，有细长的头发和稀疏的胡须"。 墨勒托斯十分倨傲，但没有才华，他的自尊心曾经受到过苏格拉底的伤害。 第二人是安倪托斯是一位制革匠人，十分的富有。 但此人十分自负，对子女的教育未尽到自己的职责。 他有一个儿子颇具才华，但是安倪托斯并没有让儿子的才华有发挥的余地。 他的儿子染上不少坏习气，如嗜酒如命，无论白天或晚间总是唱个不停。 因此，苏格拉底曾经质问安倪托斯，为什么不让他的儿子研究学问，却让他从事皮革事业？ 于是安倪托斯对苏格拉底怀恨在心。

以下引述一段泰西学人索瓦基关于安倪托斯的记载："我们已经距苏格拉底生活的时代有两三个世纪了，但是我们仍然对这位神秘的哲人充满好奇并潜心执著的研究着他。 三流诗人墨勒托斯和辩论家安倪托斯，只不过是配角而已。 即使安倪托斯有卑鄙的动机，它也不是这件事情最大的致命伤，因为安倪托斯只不过是用金钱来收买墨勒托斯和吕孔，希望他们支持这件事。像安倪托斯这类人，根本不会去重视哲学家或讨厌哲学家。

安倪托斯是一个从事皮革的商人，他十分的富有，但同时也是盲目的爱国者，一直自以为十分了解自己在雅典社会所担任的角色和责任。 他的自负心和由此产生自大的责任感，使他自认为雅典社会需要他，雅典仰赖他，以他为支柱，并确信自己可以在历史上留下一席之地。

每一个时代，都有像安倪托斯这样的人，这么说来，安倪托斯不但是特定阶层的代表，也是整个社会组织的代表。

阿里斯托芬总爱开玩笑和捣蛋，但安倪托斯并不是这样的，他是一个很认真的人，他在雅典城里只不过是一名思想上比较跟不上时代潮流和没有肚量的代表的人物而已。"

第三个人是吕孔，他原本是一个没有什么知名度的政治家和演说家。 他正因为罗织罪状以不实之词加害苏格拉底而出名。这种名声的好与恶，只能留给后人们去评价了。

墨勒托斯、安倪托斯及吕孔罗织罪名，以不实之词加害于苏格拉底，并状告到雅典法庭，苏格拉底本人认为他们三人指控的罪状都是凭空捏造的。 然而，法院的判决对苏格拉底来说，却有另一层深刻的含义，这是对人心灵深处有关生存与否的分界线。

控告诉状由当时的雅典执政官审理，执政官主要的职责，是调查诉状是否合法，在罪状上记录被告的答辩及双方证人的口供，然后将全案交付平民陪审团。 审理过程由平民陪审团进行，陪审员一方面调查证据、一方面也是裁判官，共有五百人。至于何时开庭，则以抽签来作出决定。

★资料链接★

陪审团

陪审团为法院中，用以判定事实的团体，多见于英美法等国家。目前于司法制度中采用陪审团制度的有美国、英国和香港等。

案件事实的认定是初审法院的重要工作，在采用陪审团的审判制度里，由普通民众所组成的陪审团通常用来认定客观的事实。 陪审团所认定的结果在英美法上称为 verdict，仅具事实认定之效果而非正式判决，法官会据以参酌法律判断作出判决。 如果陪审团所认定判决不合乎常理，或者有违背法官所给的法律指示，法官会以一凿之声请排除陪审团的结论而径直判决。

为了避免陪审人员被收买，所以雅典法律规定只有年龄在三十岁以上，没有负债的自由市民才可以成为陪审员。

在审理案件中十分重要的一环是原告和被告的辩论，经过辩论所得到的结果，是裁判官判决的主要依据，对案件有相当大地影响。 当时的审理方式是让苏格拉底质问和答辩，然后以无记名投票方式来决定有罪与否，或无罪，当时的雅典罪刑共有三种：死刑、名誉刑、财产刑等，有时候也会被判决驱逐出境。

苏格拉底

辩 白

苏格拉底的"辩白"证明了他的一生的清白，在他身边所发生的各种疑问，从此消失得无影无踪。 苏格拉底的形象在他辩白后已经清晰的印在了后世人的心中。

以下就是苏格拉底的辩白：

"各位雅典人：你们听了控告者的述说辞对我有什么样的印象，我已经不是很清楚了；那三个告发者的指控，几乎让我忘记了自己的存在，因为他们的指控，是那么具有说服力。

然而，我敢保证，他们没有说过一句真实的话，在他们的谎言中，最令我吃惊的是——居然将我当成演说家，并且还警告大家不要被我欺骗了。 如果，我现在可以证明自己并不是演说家，他们的企图就会立刻暴露，如果他们到现在还不知道羞耻的话，他们就是无耻的人。

他们对我的指控还包括以下的内容——苏格拉底研究天文、地理，并将不正当的言论灌输给青年，使他们从事对社会、国家不利的事。

但是，各位雅典人！这些事完全与我无关。 阿里斯托芬曾在喜剧《云》中提起我，说我自称能在空中飞行，并做了许多其他的怪事。 他用这些事来讽刺我，世界上再也找不到比这些讽刺更无稽的事情了。

墨勒托斯指控我犯了那些罪，这真的让我感到十分意外！我坦白地说，他所指控我的一切罪名都是没有事实根据的。 而且，告发者还责备道：'苏格拉底是天底下最坏的人，他使青年腐败。'"

苏格拉底是想证明德尔菲神庙的神示是否是真实的，并且还想改变人们的愚昧和狂妄，他曾到处与人辩论，但却因此引起别人的愤恨，这些人对苏格拉底的质问无以作答，就想尽办法攻击苏格拉底，以此掩饰自己的无知。 例如，他们说"苏格拉底使青年堕落"、"苏格拉底说，不可以信神"。 苏格拉底按照神的旨意去做事，而且给人以帮助，使他们能自觉，却反而被控告，他怎么会不觉得可笑与可悲呢？ 他认为他们对他的控诉是"无事实根据"和"意外"的事。 苏格拉底为人们所告发他的罪状——蛊惑青年、引入新神，而提出以下辩白：

"各位雅典人：墨勒托斯才是真正犯罪的人。 他把神圣的事当作是开玩笑的材料，以这种不谦恭的态度，参加到审理诉讼事件的行列，实际上，他并不是真正关心此事，却假装很关心！"

"墨勒托斯！ 我能不能请教你，引导青年人向善的是谁？"

"是国法。"（苏格拉底自问自答）

"好，那么知道国法的人是谁？"

"是在座的各位裁判官。"

"他们是否有教导青年、引导青年向善的力量？"

"有！"

"是每个人都有，还是部分人？"

"是所有人。"

"那么，这里的听众呢？ 他们也会引领青年向善吗？"

"是的。"

"喔，那么参政官又如何？"

"情形相同。"

"情形相同？ 这么说来，除了我苏格拉底，全雅典的人都在指导青年成为善良、有道德的人，只有我让青年腐败。"

苏格拉底的雕像

苏格拉底
Sugelaai

如果，事情和我刚刚所讲的一样，那么我真的是一个很可怜的人。

你们认为驯马的情形如何呢？会不会发生上述情况——所有的人都在认真地驯马，只有一个人使马变坏了。事实上，情形却刚好相反，因为只需要一名驯马师就行了，太多人一起驯马，反而会使马变得更坏。

无论你（指墨勒托斯）和安倪托斯对我所说的话，赞成或反对，事实原本就是如此。如果使青年腐败的只有我一个人，而别人都在善导青年，那么青年们应该是非常幸福的。但是，我现在清楚的了解，你并不是出自真心关心青年人的事情，从你对我的控告的罪名中可知，你是一个十分糊涂的人。还有，能不能请你告诉我一件事情，这里有善良的市民和邪恶的市民，你喜欢和哪一类人相处呢？邪恶的人做坏事，善良的人是否就只会做好事呢？确实是如此吗？那么，世界上有没有一种人，希望从自己的周围得到坏处，而不希望从自己的周围得到好处呢？这当然是没有的。如此说来，我会故意让青年人腐败，成为坏人吗？或者是我无心做了这种事。假若我真的故意这样做，那么，我怎样使青年腐败，是否是教导青年不要信奉国家所承认的所认定的神呢？如果，你们认为我在教导青年们相信某种神的存在，由此推理，我不是也变成相信神存在的人了吗？如果是这样，那么我就不是"无神论"者，我应当没有罪。而你们还说我信仰的神不是国家所信仰的神，而是别的神，或者说我完全不相信神，也唆使别人不要信神。是的，我是完全不相信神的人。

你（指墨勒托斯）曾经说过，我不信奉日神赫利俄斯和月神塞勒涅。我现在向神起誓，各位裁判官！苏格拉底把赫利俄斯称为石头，把塞勒涅称为泥土，他们并不是神。

亲爱的墨勒托斯，你打算要控告阿那克萨哥拉斯吗？你以为我不相信神的存在吗？当然，你不这样认为，实际上你自己也是如此吧！

各位雅典人！这个人（指墨勒托斯）傲慢而且任性，所以才会起草这份诉状。他认为我是一个有罪的人，并且说'苏格拉底一方面信奉神，一方面不信奉神'，这种话，是不能拿来开玩笑的。

墨勒托斯，还有一件事，就是有没有人相信人类的存在，并且还相信人类不存在的人？这样的人不存在；同时，有没有人相信神灵的存在，同时又不相信神灵存在？这也是没有的。那么，无论过去或现在，不论我是否相信神灵的存在与否，至少，我是传布神灵存在的人。

各位雅典人！的确有很多人对我怀有恨意，假使我招致毁灭，一定是由敌意导致这样的，而不是被墨勒托斯和安倪托斯所害的。由于人们的诽谤和猜忌，杀害了很多的好人，现在开始还会有许许多多的好人被杀害，我十分庆幸，自己不是最后一个遭此厄运的。

各位雅典人！无论你们处于怎样的困境，无论需要冒多大的危险，也必须坚守岗位，要心存羞耻之心。不要将死亡和其他的事情放在心上，我是为了追求智慧、爱智慧而生存，绝不会因为怕死而退缩和恐惧，也不会因此而停止研究学问。

当苏格拉底作了以上的辩白后，安倪托斯说："各位裁判官！如果你们赦免了他，你们的子弟都会再听从他（苏格拉底）的教导，那样每一个人都会变成完全腐败的青年。"

这时，法庭上的雅典人接着说："苏格拉底啊！我们不想听从安倪托斯的话，我们要赦免你，但是，有以下的条件：从现在开始，不可以再求知、爱知，假如你不遵守这样的规定，违犯了规定，而且当场被看到，那你就会因此而被杀害的。"

苏格拉底

苏格拉底说："如果，各位要我服从这个规定，才会赦免我，那么，我可以告诉各位——我对雅典人心中充满着一份热情，然而，要我服从这个规定是不可能的，我会跟随神的旨意，只要我能继续呼吸，还有力量时，我就不会停止爱惜知识、追求知识的意愿。

我可以再对各位说明，在雅典，有少数的人充满了智慧，又有充实的武力，他们同时也是伟大而著名的教师，他们为了赚更多的钱，增加自己的财富，而做出这些事，难道不觉得羞耻吗？为了名誉和地位，不考虑实情，也不做使精神变得高尚的事，这样难道不觉得羞耻吗？

各位可以相信安倪托斯的话，也可以不相信安倪托斯的话；我并不在意你们是否赦免我，因为，我已经经历过几次死亡的威胁，但我仍不改变自己的信念。

你们可以仔细想想。事实上，对我判处死刑，对你们的损失比我还大。当然，墨勒托斯和安倪托斯可以对裁判官要求判我死刑，也可以将我驱逐出境或剥夺我的公民权利，他们认为这将对我是一种惩罚，但我自己却不这么想，因为让我违反正义，判我死刑，那才是最大的祸害，因此，我的辩白可以说是为各位所做的辩白。你们将我判罪处以刑罚，这就是将神所赐予你们的幸福，又在你们手中将它毁灭掉。自此以后，恐怕你们再也找不到像我这样的人了。"

苏格拉底的"申辩"是他在法庭上受审时当众的陈词。这是一篇极富哲理的演说词。首先，是苏格拉底对公众舆论关于他的偏见和非议的答辩。其次，他驳斥墨勒托斯等人指控他的两条罪状。在今天的哲学研究中，有着极其重要的意义。

裁定与判决

在人类史上，从来没有出现过像苏格拉底这样的辩白，虽然，他的辩白足以证明他的精神和行动并不犯罪，然而，他终究被判处死刑。

当时，法庭是由 500 人组成的裁判官集体投票来裁定苏格拉底是否有罪。投票的过程是这样的：由法庭的工作人员，先分给参加投票的裁判官两张投付表决的票，即是两个金属的小圆片，一个表示有罪，另一个表示无罪。这两个金属的小圆片形状相同，唯一不同的地方就是指明有罪的那一枚圆片两面的轴心有些凸，而表示无罪的那一枚，两面轴心则是有点凹。在讲台的前面设有两个小桶，一个是金属制的，另一个是木制的。裁判人分别将两枚圆片各自投在两个不同的桶里面。投在木桶中的票即弃权。所以只有投在金属桶内的票才表示裁判人员的意见。如果，裁判官把表示有罪的那一枚投入金属桶内，而把表示无罪的那一枚投在木桶内，那就表示裁判官认定被告有罪。反之，假如裁判官把表示有罪的那一枚投入到木桶里面，而把表示无罪的那一枚投入到金属桶里，由于木桶内的票按无效处理，这就是说法官认为被告无罪。投票是以半秘密的方式进行的，裁判人虽然当众将两张（枚）表示无罪或有罪的票分别投入到两只桶里，但在他们将票投入桶里时都用拇指和食指按住轴的中央，把凸的或凹的地方掩盖住，这样谁也无法看到裁判官是将表示有罪或者无罪是否投入了金属桶内。投完票后就将金属桶的票倒出来公开核定其数目，然后由专人宣布结果。要是主张有罪的票数与主张无罪的票数一样，被告也算是无罪的。因为公认，在这种情况下，女神雅典娜要投上表示无罪的一票。但这

苏格拉底

种情况极为罕见，因为出席投票的人数多半是奇数。 还有，主张有罪的票不够所有投票人的三分之一，要对提出控诉的人进行罚款，而他或他们以后就再也没有提出相同性质的控诉的权力了。

关于苏格拉底是否有罪，裁判人投票，其结果是二百八十一票赞成苏格拉底有罪，二百二十票认为他无罪。 因为认为他有罪的票数多，所以认定苏格拉底有罪。 这真是让人难以置信啊。

按照当时的法律，在被告人被裁定有罪之后，应该先由原告提出一种他们认为适当的量刑方法，随后再由被告提出一种量刑方法，最后再由执政官决定施行其中的一种。 墨勒托斯认为应判苏格拉底死刑。 若是这时，苏格拉底只要提出

苏格拉底的雕像

一种较轻的刑法，一定可以获得认可，但是他却毅然辩称自己无罪，不该受刑，他认为如果自己提出一种较轻的量刑方法，等于承认自己有罪。 苏格拉底是不可能这样做的。

苏格拉底一生光明磊落，坦荡做人。 他确认自己的行为不仅不触犯刑律，而且对雅典的社会是有功劳的，他认为自己所做的一切都是遵从神的旨意，所以他不可能要求从轻量刑的。 但是按当时的法律规定，被告一定要为自己提出一种受刑的方式，他最后只好提出接受罚款，所罚的数目是一个"谟那"，因这是他所能承担得起的。 "谟那"是希腊货币的一个单位，一个谟并没有多少价值。 而苏格拉底提出只交纳如此小数目的罚金，他的弟子们认为，这样可能开罪于法官，于是提出来愿交纳 30

个谟那的罚金。 但这已经太迟了，原来认为苏格拉底无罪的人都改变了主意，反过来都认为他有罪了。 最后，以多数票通过，认定苏格拉底有罪，并判处死刑。 这是多么令人难以置信的裁定和判决啊！

最后的辩白

苏格拉底的生命已经无法保障了，死亡就在他的眼前：但是他早已做好了准备，可以随时的接受死亡。 苏格拉底对宣判他死刑的裁判官及投票赞成他有罪的人说：

"各位雅典人！你们相信了告发者控告给我的罪名，而将我处死，你们将会因此而得到神的惩罚的。 我今天会遭遇这种命运，并不是因为我的口才不好，是因为我不愿意说出使你们感到羞愧的事件，以至使诸位不得不改变主意，但我不是那种人。

要逃避死亡的方式有很多，而且逃避死亡也并不是非常难的事情，事实上，坚持自己的信仰，拒绝诱惑，不做坏事，才是不容易做到的事情。 今天，我被指控莫须有的罪名，要是你们以后一定会平安无事，那你们就完全错了。 因为这种不正当的事，是不可能令人信服的，一定会有人挺身而出主持正义的。假使你们认为可以用手段停止这样的攻击，那你们就是犯了更大的错误，因为要控制别人是非常困难的。 如果想指导别人，使其成为优秀的人，那是十分容易的事情。

对投票支持我无罪的诸位，我也要向你们说几句话。 平常，要是有什么恶兆发生，我心灵深处的声音是会发出警告的，而这次却什么都没有。 由于这样，我相信，尽管我无罪，却必须以这种方式去接受死亡。

在我看来，死亡不是一件坏事，而是一种处于永远安息的状态。对一个好人来说，死亡可以带他进入一个更加美好的世界，在那里，他可以得到公正的审判，可以会见许多古代的圣贤。

我不曾对向告发我的人或宣告我有罪的人，怀有怨恨之心，现在，我有一件事想拜托你们（指控告苏格拉底或判他有罪的人）。

今后有一天，如果我的儿子长大了，希望你们也让他像我一样，接受痛苦吧！如果我的儿子不致力于学问，却为金钱疲于奔命；不像一个真正的人，却偏偏自己以为是堂堂正正的人，你们可以对他加以处罚，这样一来，我和我儿子，都可以从各位那里得到相同的待遇。

然而，死亡的时刻越来越近了，我是一位即将死去的人，各位今后只要继续生存，我们之间彼此一方，谁也不能断定哪一种境界才是最幸福的，这一切只有神才能知道。"

从判决那一天到行刑，苏格拉底在狱中度过了一个月。这

苏格拉底最后的辩白发人深省

期间，他曾和家族、朋友和弟子们谈话，他没有丝毫的害怕、迷惑和沮丧，他的态度稳重、冷静。 他的朋友和弟子们为他提出了逃亡计划，苏格拉底都没有答应，但这并不表示他无法逃亡。他没有选择逃亡的最大理由就是：逃亡以求苟活是卑怯者的行为，他坚信法律是必须遵从的。 他面对死亡时的决绝，表现了苏格拉底守法、自信、和爱知的精神。

现在，我们要探讨的不仅是苏格拉底说辩时的高明技巧，更是他的哲学思想。 苏格拉底的精神已经成为典范，活在了千千万万的人的心中。 也许有人会想起比苏格拉底晚出现几百年的耶稣基督，因为耶稣对西方文明也有深远的影响。 历史的车辙无休止地转动着，耶稣和苏格拉底，都创造了欧洲文化的精髓，对全人类都有着无法计算的影响力。

苏格拉底的死，对于那个时代的人来说，只不过是与一个离经叛道的人诀别。 然而，对人类来说，苏格拉底的死却是一次新的邂逅，是与整个人类晤面、对话、交流、交融！

苏格拉底的思想

我非常清楚地知道,我并没有智慧,不论大的还是小的都没有。

——苏格拉底

苏格拉底
Sugeladi

智 者

智者是指在公元前5世纪～公元前4世纪希腊的靠收徒赢得报酬的教师的统称。在公元前5世纪，希腊的"智者"是指聪明并具有某种知识技能的人。后来，自然科学家、诗人、音乐家乃至政治家，也被称为智者。但是到了柏拉图、亚里士多德时代，智者则被大多数指为以教授青年而获取报酬的职业教师。由于智者能言善辩及晚期智者的末流堕于诡辩，柏拉图和亚里士多德把智者看成是歪曲真理的人。因此智者在历史上又被称为"诡辩家"。

柏拉图

★☆★☆★☆★
资料链接

亚里士多德

公元前384年，亚里士多德出生于富拉基亚的斯塔基尔希腊移民区。他的父亲是马其顿国王腓力二世的宫廷侍医。

苏格拉底
Sugeladi

亚里士多德从十八岁到三十八岁，在雅典跟随柏拉图学习哲学，这对他来说是一个对他的一生产生了决定性影响的阶段。苏格拉底是柏拉图的老师，亚里士多德又受教于柏拉图，这三代师徒都是哲学史上赫赫有名的人物。在雅典的柏拉图学园中，亚里士多德表现得很出色，柏拉图称他是"学园之灵"。但是亚里士多德也不是没有思想的人。他与柏拉图不一样，他努力的收集各种图书资料，勤奋钻研，甚至为自己建立了一个图书室。有记载说，柏拉图曾讽刺他是一个书呆子。在学院期间，亚里士多德就在思想上跟老师有了分歧。他曾经隐喻的说过，智慧不会随柏拉图一起死亡。当柏拉图到了晚年，他们师生间的分歧就更大了，经常发生争吵。

公元前347年，柏拉图去世，亚里士多德又在雅典待了两年，随后，他开始游历各地。公元前343年，他受马其顿国王腓力二世的聘请，担任起皇太子亚历山大的老师。公元前338年，马其顿国王腓力二世打败了雅典、底比斯等国组成的反马其顿的联军，从此称霸希腊。次年，腓力二世召开全希腊会议，会议约定希腊各邦停止战争，建立永久同盟，由马其顿担任盟主。在会议上，腓力宣布，他将统帅希腊各邦联军，远征波斯。至此，马其顿实际上掌握了全希腊的军政大权，希腊各邦已经名存实亡，成为马其顿的附庸。

亚历山大

腓力二世于公元前336年被刺身亡，亚历山大即位为王。公元前334年，亚历山大率领马其顿军和希腊各邦的联军出征波斯。不到十年的时间，就打败了波斯大军，摧毁了古老的波斯帝国，一个空前庞大的亚历山大帝国——其领土西起希腊，东到印度河，南包埃及，北抵中亚——建立起来了。公元前323年，亚历山大病故。这个凭着武力征服建立起来的大帝国，经过混战，分裂成几个独立的王国。

尽管自己的学生已经是贵为国王，但亚里士多德并没有一直留在亚历山大身边，他回到雅典，建立自己的学园，教授哲学。亚里士多德非常重视教学方法，他反对呆板的教学方式，于是他经常带着学生在花园林荫大道上一边散步、一边讨论哲理，因此后人把亚里士多德学派称作"逍遥学派"。

亚里士多德的著作在这一期间颇多，主要是关于自然和物理方面的自然科学和哲学，而使用的语言也要比柏拉图的《对话录》晦涩许多。他的作品很多都是以讲课的笔记为基础，有些甚至是他学生的课堂笔记。因此有人将亚里士多德看做是西方第一个教科书的作者。亚历山大死后，雅典人开始奋起反对马其顿的统治。由于和亚历山大的关系，亚里士多德因为被指控不敬神而逃到加而西斯避难。他的学园则交给了狄奥弗拉斯图掌管。一年之后，公元前322年，亚里士多德去世，年仅63岁。

如果，我们想要彻底研究"苏格拉底的思想"，就必须观察当时的智者。因为，智者和苏格拉底思想的形成有着十分密切的关系。

公元2世纪的古希腊哲人传记作家第欧根尼·拉尔修在其《名哲言行录》第1卷第12节中写道："第一个使用哲学这个词，并称自己是哲学家或爱智者的人是毕达哥拉斯。因为他说过，只有神是聪明的，即有智慧的，任何人都不是。"

翻开希腊的历史，我们绝不能忽略智者的存在，这是为什么呢？ 这是因为公元前六世纪在希腊萌芽的哲学经过了大约一百年的时间才到了苏格拉底生活的时代。 在这一百年里，哲学的内涵发生了许多的变化，而智者在这种改变中占有重要的位置。

用现代的眼光来看，智者并不是创造知识的人，而是一群见风使舵、以解说知识为生的人。 一般来说，"智者"就意味着"德行的教师"、"贩卖知识的人"、"辩论家"或"拨弄唇舌的人"等。

毕达哥拉斯

在苏格拉底以前，也出现了很多哲学家，如泰勒斯、芝诺、毕达哥拉斯等，不过他们所研究的是天文等自然现象，是研究外界事物的本质以及物质世界的形成与法则。 他们还没有发现，经过问答和相互讨论以后，可以总结出人类内心的变化。 他们认为解决内心疑问的唯一方式，就是让自己与自然相通，以自然现象来洗涤心灵的困惑。 于是他们提出了"水是万物的根源"、"地、水、风、火是万物的根源"等说法。

但是随着时间的推移，这些早期的哲学家们的观点，渐渐遭到了质疑。 到了公元前五世纪中叶左右，已经有许多人开始怀疑研究自然界的价值，一些哲人也开始改变方向，不再以研究自然界为核心，这些人当中就包括智者。

古希腊旧喜剧诗人阿里斯托芬所写的喜剧《云》嘲讽苏格拉底，其中关于"正义因"与"非正义因"之间的辩论就含有智者与诡辩术的缩影。 这虽然不是写实，有比较夸张的成分，但由此也折射出当时某些现实景象。 苏格拉底就是在自然哲学研究

苏格拉底

之风渐衰，并受到挑战，智者及其学派以及智者运动随即出现的氛围中生活与研习的。 毫无疑问，苏格拉底的思想及精神是不可能与这些绝缘而独自形成的。

智者这一群体的形成，与希腊当时社会风气有很大的关系。在民主政治体系下，一些人只要十分聪明，懂得如何迎合大众心理，掌握他们的感情，并受过相当的教育，就能获得权力与名誉。 而智者的兴起，就是由于大众对知识的需求。 当时的青年，心中充满了对政治的欲望、求知欲及个人理想的实现欲望，于是智者就应运而生，他们教导青年如何得到自己想要的东西。

他们利用自己巧合如簧的舌头，去各处游历，教导青年。他们研究人性的方法与苏格拉底研究人性的方法不同，他们的目标不在于追求真理，只在于"使人信服"，所以经常不顾事实，用奇特的比喻，生僻难懂的言辞，以及慑人的气势来讨论问题，以达到让人相信的效果。

在希腊众多以"传授知识"为职业的智者中，阿布泰勒籍的普罗泰戈拉和果加斯、蒲鲁太纳斯、希米亚斯比较有名气。 普罗泰戈拉的名望很高，他的名言是："人是万物的权衡者，存在者则见其为存在，没有的就会看见它不存在。"这句话的意思就是说，真理存在于每一个人自己的心中，只要自己感觉那是真理，它就是真理。

普罗泰戈拉擅长运用诡辩术，又很懂得如何宣传自己和教导别人，所以有许多年轻人推崇他、跟随他。 许多人都认为他是当时最好的老师，但是苏格拉底却不这么认为。 苏格拉底认为真理不能凭各人的主观来决定，如果说"知识就是知觉"、"世上没有错误的事"，那么理性与知识的存在就没有价值了。

用道德来说，一个人感觉道德是一种情形，而另一个又觉得道德是另一种情形。 那么究竟谁的感觉是正确的呢？ 如果按普罗泰戈拉等哲学家的说法，那就是这两个人的看法都正确，那么一切对道德的证明和辩论似乎都没有意义了，因此苏格拉底认为，如果忽略真理，只专心研究辩论之术，并不能称得上是良师。

雅典的青年希波克拉底希望成为雅典社会中罕见的伟大人物，因此他请求苏格拉底带他去见普罗泰戈拉，想拜其为老师，苏格拉底告诉他："你只要付钱给他，他就会教你。"又说："智者是把灵魂当作商品的人，好像在做批发或零售商。"

其实，当时的苏格拉底已经具备比智者更高明的能力。他与人辩论时，总是先谦虚地说自己什么都不知道，希望明白对方的意思和思想。于是对方就常常十分得意地炫耀自己的所有知识，苏格拉底听到他们议论后，总会先夸奖一番，然后表示有几个不太懂的地方，随后提出问题，把他们自以为是的理论中的错误、谬论全部精辟的指出来，令对方发现自己论点中的致命矛盾无法自圆其说，而承认苏格拉底的主张。

蒲鲁太纳斯也是一个知识丰富的智者。他曾十分骄傲地说："只要让我有机会任意拜访一个国家，我一定可以说服那个国家最优秀的青年，使他们停止与比他们年纪稍

苏格拉底相信灵魂不灭

长或年轻的人交往，而向我学习。这些青年会相信，只要和我在一起，一定能成为最优秀的人。然而，从事我这种工作的人，必须特别小心，否则不但会引起一些人的嫉妒；还会让一些别有用心的人煽动群众来陷害我。辩论术虽然自古就有，但是许多人都对它敬而远之，其原因就是因为这个。"

苏格拉底曾经问蒲鲁太纳斯，他能教导青年哪一方面的知识，蒲鲁太纳斯回答说："有能力向我求教的人，一定都有一个

富裕、健全、完整的家庭，我会教他们处理国家公共事务的方式，使他们获得声望与权利。换句话说，我教给他们的是一般的'德性'。"

高尔吉亚是另一名很有声望的哲学家，他比苏格拉底要年长，出生于公元前480年。公元前399年苏格拉底受审时他仍然健在，他的寿命在100岁至110岁之间。关于高尔吉亚与苏格拉底之间的关系，柏拉图在他的对话录《申辩篇》中有所叙述，苏格拉底为自己辩护时说："说我（苏格拉底）收费教导学生并不是事实，虽然我认为有能力教导别人是好的事情，像林地尼的高尔吉亚，开俄斯的普罗狄科斯和埃利斯的希庇亚那样。他们去四处游走，能够说服青年人追随他们，付给他们钱并且还感谢他们。"高尔吉亚作为一个智者，他在修辞、演讲、辩论和其他的各个方面都极具才华。据说有一次，高尔吉亚作为使节去雅典发表演讲，语惊四座，公民大会为之轰动。在当时，不仅是民众，而且官员也极为赞赏他的理智及政治才能。斯巴达国王鲍萨尼阿斯也曾说过，传说当时很有声望的修辞学家梯西亚斯是高尔吉亚的师长，梯西亚斯站在叙拉古一方，但被高尔吉亚所辩败，于是雅典方面决定与林地尼结盟，派出一支舰队支持林地尼。这些都说明，在古希腊的当时，修辞、演讲和辩论的技术是多么的重要。

柏拉图在其对话录《美诺篇》中提及苏格拉底有关高尔吉亚的叙述：美诺询问苏格拉底，人的美德是怎么得来的？苏氏答道："美诺，曾经有一段时间，帖撒利人曾以他们的骑术与富有而闻名于希腊，要是我没有记错的话，他们仍以智慧闻名于希腊，特别是拉利萨是你的朋友亚里斯提卜的故里。这要归功于高尔吉亚，因为他来到这一城邦的时候，他的智慧就在这里受到领导人的尊重与崇敬，还有你的友人亚里斯提卜及其他一般人也都崇敬高尔吉亚。他传授你们用非常自信的风格来回答问题的习惯，这便是懂得如何回答问题的人的习惯，他就敢于回答任何一个希腊人向他提出的任何问题。"在柏拉图的《美诺篇》中还叙述了苏格拉底在雅典会见高尔吉亚的情况：美诺询问苏格拉底——"'高尔吉亚在雅典的时候你遇到他了吗？'苏格拉底回答道：'遇到过。'"高尔吉亚在雅典发表讲话时，苏格拉底可能去听了。

有一位名叫普罗狄科斯的智者也要简单地介绍一下。普罗狄科斯是开俄斯人，是高尔吉亚的学生，也有人说他还是普罗泰戈拉的学生。在柏拉图的《申辩篇》中提到苏格拉底说普罗狄科斯还活着，比普罗泰戈拉要年轻一辈。学人们将普罗狄科斯的生年定在公元前460年之前，与苏格拉底出生的年份应该不是距离很远。普罗狄科斯是苏格拉底的老师，在《美诺篇》中记述了苏格拉底与美诺的谈话，苏格拉底对美诺说道："高尔吉亚是你的老师，正像普罗狄科斯是我的老师一样。"苏格拉底和柏拉图对普罗狄科斯的学识评价都很高。这在柏拉图的《普罗泰戈拉斯篇》中有所记述：苏格拉底说"我渴望听普罗狄科斯的讲话，他是一位智慧完美的人"。柏拉图在《克剌提洛斯篇》中记述了希波尼科斯与克剌提洛斯之间关于名称是约定俗成的还是自然形成的辩论，并就此向苏格拉底请教，苏格拉底说道："关于名称的知识是重要的事情。要不是因为没有太多的钱，我就能听完伟大的普罗狄科斯的五十个德拉克玛的课了。据他（指普罗狄科斯）自己说那是关于语法和语言完整的课程，如果我能听完的话，我就能立即回答你有关名称的正确答案了，可惜我只听了一次一个德拉克玛的课"另外，在柏拉图的《泰阿泰德篇》中也记述了苏格拉底曾经说过："我曾经把许多人介绍给普罗狄科斯及其他智慧的大师。"柏拉图在《会饮篇》中论述幸福和荣誉要依靠辛勤的劳动去争取时，提及苏格拉底如何看待诗人，他随即说道："一些有地位的智者也发表了类似的看法，如卓越的普罗狄科斯用散文详细地叙述了赫拉克勒斯和其他英雄的故事。"关于这一点，色诺芬在他的《回忆苏格拉底》第2卷第1章的第21节中也有所记述。

修辞学

在古希腊荷马时期，希腊人就将善于辞令、能说会道作为一种极有价值的能力，被人们称道。公元前8世纪左右，古希腊的城邦制确立以后，政治家就在公民大会或者各种议事中演讲，这是很重要的政治活动。如果某一位政治家在演讲中，能够打败政敌，赢得民心，他就会得到人民的支持。后来，当各个城邦间有了摩擦，产生了纠纷，就会有人去游说。在波希战争中，希腊各城邦就出现了类似的使者游说活动。这些使者大多数是能言善辩之士，他们之间唇枪舌剑，以为自己的城邦所持有的态度进行说明。当时不少的智者也曾担任过类似的角色。可以说古希腊城邦民主制的发展及各城邦间的交涉是促使修辞学发生和发展的原动力。到了公元前五世纪的中叶，也就是苏格拉底青壮年时，修辞学那时已经发展成一门极为重要的技艺和学问了。在古代，希腊人将修辞学看做一种技艺、技巧，古希腊的哲人柏拉图与亚里士多德也是持有这种观点的。他们认为修辞学并不是知识，因为即使是学识非常丰富的人，口才不一定就很好，但口才可以经过训练而获得，即修辞学和其他技艺一样，也是可以经过传授、训练而获得的。于是，在希腊就出现了专门传授"说话技术"的人，即修辞学家。但是是谁创建了修辞学呢？这在历史文献中没有记载。第欧根尼·拉尔修在他的《名哲言行录》第8卷第57节中记述道："亚里士多德在《智者篇》中说恩培多克勒斯是修辞学的创始人，正像芝诺是辩证法的创始人一样。"但是颇为可惜的是，亚里士多德的《智者篇》已经失传了。亚里士多德在他的另一著作《修辞学》中提及与恩培多克勒同时代的另一位学人科剌克斯（其鼎盛年代为公

西西里

元前 467 年），说科剌克斯撰写过一部《修辞术》，传授别人如何辩驳。 科剌克斯拟定出一些规则，例如在受到别人指控时，如果此人是一个弱者，就说："我比他体弱，能够伤害他吗？"如果此人是强者，就要这样说："难道我是一个傻瓜，会去伤害一个弱者吗？"这是有明确记录的最早的一部《修辞课本》（第2 卷第 24 章）。 科剌克斯是西西里人，因此有人说修辞学并不是在雅典产生的，而是在西西里产生的。 这种说法的依据与当时西西里的环境有关。 因为在不是很大的区域内，古代希腊人建立了 20 个城邦，时常会发生战争，而这种"说话的技术"就能起到纵横捭阖的作用。 因此，可以说修辞术首先是在西西里萌芽，然后才传到了雅典。

第欧根尼·拉尔修

第欧根尼·拉尔修是罗马帝国时代作家，大约活跃于 3 世纪，其

苏格拉底
Sugeladi

名字暗示他生于奇里乞亚，生平不详，以希腊文写作，是重要史料《哲人言行录》的编纂者。由于书中有关伊壁鸠鲁的篇幅最长，有人认为他是该学派的信徒。

《哲人言行录》分为十卷，他将古希腊哲学家不太准确地按籍贯分为"伊奥尼亚"和"意大利"两组，每组再按哲学流派来划分，卷一至七讲的是"伊奥尼亚"哲人（包括苏格拉底、柏拉图），卷八至十讲的是"意大利"哲人（包括压卷的伊壁鸠鲁）。

《哲人言行录》是大量前代资料的总汇，因此有一些内容前后不一致。而轶事和趣闻占了很大比例，大概是与当时的文风有关。拉尔修喜欢在书中引用自己的诗句来凑兴，除了自己的诗歌，他也引了不少古代大诗人的诗句，这为后世保存了许多重要的文学资料。《哲人言行录》一直在古代流传，但并不十分有名，到了文艺复兴时期，该书开始有印刷本，也有拉丁文译本的出现，变得为人熟悉，蒙田是该书的热情读者之一。尼采在当哲学家前，也做过有关《哲人言行录》的研究。

上面谈到古希腊的智者、修辞术及修辞学等，还必须谈谈当时希腊人所重视的"德行"。希腊人所认为的"德性"是一个人处理私人事务及政事的能力。智者的产生，就是因为人们有对学习"德性"的欲望。因此，当时智者的工作就是如何教导青年"德性"方面的才能。

智者的产生，是基于大众有学习"德行"的欲望，因此，如何教导青年这方面的才能，成了智者的工作。

普罗泰戈拉等智者认为如果一个人想在政治上出人头地，他最需要的不是真理而是辩才，所以他们教导人时，着重文辞的修饰。而这种以"德行"为本质，运用巧妙的言辞使人信服的学问，在当时被称为修辞学。

由于普罗泰戈拉等人认为，教育最重要的作用，就是培养青年在诗句及言语上的才能，所以他们教导出来的政治家，一般都没有执著于真理的精神，甚至不知道真理是什么。他们以"只要是真理"使人们信服为目标，并不管他们所说的事物是真实的

苏格拉底
Sugelati

还是虚假的。

而苏格拉底与那些智者不同，他认为忽略事实，只钻研"说话的技术"，不是哲学的精神。智者们与人辩论时，总是处心积虑地迷惑对方，使对方陷入圈套。要是这样做行不通，就换一种手法：或是用声势来吓唬人，或是用华丽的辞藻，生僻、闪烁的文辞，使对方听了感到不知所云无法对答。苏格拉底却不是这样，他的态度十分平静，温文尔雅，所用的言辞都很平实易懂，言简意赅。他就是这样和别人讨论的。苏格拉底相信真理是从辩论及省察中得来的，他也是基于此提出了辩证法。

在苏格拉底生活的时代，智者的出现使某些人的思想和行动得以磨炼，哲学思维也因此从天上，即自然哲学，回到人间。智者的语源是诡辩者，其意义就是"使知识的作用变得更好的人"。苏格拉底并不否认智者有这种能力，所以他也说智者是"使人变得更聪明的人"或"教导他人的人"。但是，苏格拉底也深深了解"知识是可怕的"，如何教导别人，让别人得到美善的教育是关键所在，那些盲从的人是不适合向智者学习的。

苏格拉底和智者有相似的一面，他们都已开始探索人类的心灵、灵魂，但是他们所用的方法和所持有的态度则大不相同。在当时，还出现了思维优秀的自然哲学家，他们是阿那克萨格拉斯、恩培多克勒斯、刘肯柏斯、戴摩柯尼塔斯等，这些人是继爱奥尼雨以后，按照传统从事自然哲学研究的。但是智者并不太注意宇宙和自然的事情，他们着力于人际关系等问题。也许有人问，这些智者为何研究人际关系等问题。这是因为，智者对当时的时代要求及走向十分敏感，所以能顺应潮流，包含贬义的说法就是他们是见风转舵，研究自己的进身之道。从智者的视角来审察这一问题，知识和辩论都是有用的事；传授知识及说话的技艺，并由此得到报酬，对于授与受的双方都是有利可图的。但是智者的功绩我们也必须正视。智者思想宣告了古希腊自然哲学的终结，开辟了由自然哲学向苏格拉底、柏拉图和亚里士多德哲学转变的道路，它探索了人类与自然的关系，肯定了认识人类自身的必要性，揭示了思维与存在的差异，这一切标志着哲学研究的深化；它冲破了传统宗教神话的桎梏，否定了神对政治法律制度、道德风俗等人类社会生活现象的干预，强调人在自然力面前和在社会生活中的创造作用，具有明显的反神学意义。

苏格拉底研究人类的出发点不是为了个人在现实中的物质享受，他不是很关心生活是否舒适，也不在意是否能在国家社会中崭露头角。他年轻时曾致力于阿那克萨格拉斯

讨论中的苏格拉底

所主张的"理性为万物种子"说，但是在做了进一步研究后，苏格拉底又对它十分的失望，并且放弃了研究自然，专门探讨有关人类的话题，并由此创建出一套自己的"辩证法"。苏格拉底对"德尔菲的神示"一直没有忘记过，并且以全人类的前途和命运为己任，不断地前进着，最终成为全人类的哲学宗师。

阿波罗的使徒

我们所说的"思想"一般是指内心萌发的想法，也就是在生活中产生，并且指导生活和行动的观点。而我们在思考中所产生的意识内容也是一种思想，所以，思想含有变化的可能性。而我们要研究苏格拉底的思想，就必须思考其思想的源发

处，因为思想的来源对一个人的思想有着决定性的影响。

由于苏格拉底总是在不断地思考、修正，最后才产生了我们今天所知道的苏格拉底的哲学思想。苏格拉底是一位具有十分成熟"自觉性"的学人及思想家。他本人将自身的这种"自觉性"视为一种思想，使之

众星捧月的阿波罗神

更臻自觉，并将这份自觉看做一种使命。什么是使命呢？一般地讲，就是所给予的任务，并令其完成。如果一个人被任命为使者，就一定会被赋予某项特定的任务，而赋予使者特殊任务的人，一般来说，在地位上及其他方面都要高于受命的人。对苏格拉底来说，则是神示所给予的使命。神示来自阿波罗神，苏格拉底就是阿波罗神的使者了。

因此我们可以称苏格拉底的思想为"天职"。他的这种"天职"与他的死有密切关系，而他最后就是以死贯彻了他一生的原则。

苏格拉底曾经参加三次战役，每次都有"神秘的声音"呼唤他、指示他，而德尔菲神庙的阿波罗神又对开瑞丰说"苏格拉底是最聪明的人"，所以我们才说苏格拉底是阿波罗的使者。

苏格拉底在行驶阿波罗神赐予他的使命时，他所作的第一件事情就是让那些自以为是、自认为无所不知的人认识到自己的"无知"。而苏格拉底之所以要先唤醒人类的"无知"，就是因为他对"灵魂"的独特看法。

苏格拉底

苏格拉底创造了有关"灵魂"的概念，他的有关"灵魂"的概念是受到俄耳甫斯教的影响。 俄耳甫斯教将灵魂定义为一个永生不朽的个体，而且具有"神性"，只要人类能按该教礼仪立身处世，灵魂的神性就能得到恢复，并得以永生。 而苏格拉底认为"灵魂"具有俄耳甫斯教对它定义的重要性和不朽性，即灵魂不灭。 并且是"存在于我们体内的一种精神，是我们断定自身和他人的智、愚、善、恶的依据。"这样看来，灵魂不是我们所说的鬼，而是一种自觉的人格精神。 因此，苏格拉底也一直强调，要"照顾灵魂，使其臻于至善至美"。 苏格拉底所说的"照顾"与俄耳甫斯教所说的内涵不同，在俄耳甫斯教中，"照顾灵魂"就是"按道德、礼仪行事"；但是苏格拉底所说的"照顾"，则是培养理性，使思考与行为都能合乎理性。基于此，苏格拉底认为，我们若能对自己的所作所为提出合理的解释。 这就等于尽到了照顾灵魂的职责。 苏格拉底所创立的这一观念，由于在基督教创立后，它日益为泰西人所接纳，并且成为欧洲思想界与学术界的传统。

其实，国家的法制也在不断的修订、变化和完善中。 苏格拉底在当时虽然没有违反雅典的国法，但当时的人们却认为他的思想已经违反了雅典的法律。 实际上，苏格拉底的思想和精神并没有触犯雅典的法律，他的思想和精神却超越了那个时代。所以，苏格拉底的思想与精神在当时受到抵制，并由此招来祸

赫耳墨斯、俄耳甫斯和欧律狄刻浮雕

苏格拉底
Sugeladi

端，于是他的思想与精神在传统中沉寂了，但却在大众的心中继续生存着。

苏格拉底在"辩白"中曾强调，要以灵魂不死的形式表现自己的精神，这是因为思想和精神永远不会死亡，将永远的生存下去。而我们看到了，直到今日，人们还在热衷的研究苏格拉底的思想，他的哲学仍有着非比寻常的意义，即他的思想与精神不仅没有消失，而且还生存下来了，并被发扬光大。

★★★★☆☆☆☆☆☆
资料链接
★★★★☆☆☆☆☆☆

阿波罗

阿波罗是古希腊著名的神之一，他是宙斯与暗夜女神勒托所生之子，也是阿尔忒弥斯的孪生哥哥，全名为福玻斯·阿波罗，意思是"光明"或"光辉灿烂"。

阿波罗的最典型形象就是右手持着七弦的里拉琴，左手拿象征太阳的金球。他是音乐家、诗人和射手的保护神。传说，他是光明之神，从来不会说谎，人们在他的身上找不到黑暗的一面，因此阿波罗又被称为真理之神。同时阿波罗被认为是司掌文艺之神，主管光明、青春、医药、畜牧、音乐等，是人类的保护神、光明之神、预言之神、迁徙和航海者的保护神、医神以及消灾弥难之神。

在古希腊的传说中，阿波罗出生在阿斯特利亚的一座浮岛提洛岛之上。关于阿波罗的出生在诸多古希腊神话资料中都有记载。最广的传说是勒托怀孕后，嫉妒的天后赫拉无法容忍别的女神为宙斯生下长子，便下令禁止大地给予她分娩之所。痛苦的勒

阿波罗

托到处奔波，最后她的妹妹阿斯忒里亚化成的"无明岛"，阿得罗斯挺身而出，接纳了她。波赛冬使海底升起四根金刚石巨柱，将这座浮岛固定了下来。勒托在这里，先生下助产及狩猎女神阿耳忒弥斯，后在阿耳忒弥斯的帮助下生下光明之神阿波罗。

传说，阿波罗曾经和自己的孪生姐妹阿耳忒弥斯一起杀死迫害其母的巨蟒皮同和羞辱其母的尼俄柏及其子女。他曾经参加奥林波斯山众神与巨灵的战斗；在特洛伊战争中，他的祭司受希腊人侮辱，他施瘟疫，使希腊人遭受侵袭；赫尔墨斯发明七弦琴送给阿波罗，使他成为音乐之神；特洛伊公主卡珊德拉与他相爱被赋予预言天才，而公主事后食言，阿波罗又使其预言失灵；神女达佛涅为摆脱他的追求，变作月桂树，被称为阿波罗圣树；他还和波塞冬合力帮助特洛伊，建起牢不可破的城墙等等。

伯罗奔尼撒

在一般的描绘中，阿波罗是长相十分英俊，精力充沛的年轻人。他的脸是瓜子脸，前额宽阔，显得精明、坚定、安详、端庄和自豪。头上通常戴着用月桂树、爱神木、橄榄树或睡莲的枝叶编织的冠冕。阿

苏格拉底

波罗的标志是竖琴、弓、箭、箭袋和三脚架。人们通常用天鹅、鹰、狼、牝鹿和知了作为献给他的祭品。

以牛虻自居

“雅典人啊，我现在辩白并不是为了我自己，和某些人所想的一样，是为了你们，使你们不会因为处死我而辜负了神的旨意。 因为，如果你们处死我，就不会很容易地找到像我这样与雅典解不开关系的人。 用粗俗的话说，就像牛虻粘在马身上一样，品种优良的马由于懒惰肥大而变得有些迟钝，需要牛虻刺激；我想神让我生长在雅典，就是这种用意，让我的追随你们，整日对你们每一个人不停地提醒、屡加劝告和责备。 各位，遇到可以不断催促你们人并不是很容易，你们若是从我的劝告，就

牛 虻

不要处死我。 就像把睡眠中的人唤醒那样，你们兴许会恼我，甚至会打我，听信安倪托斯的话，轻易地处死我，从此，你们的余生都将过着糊涂的日子，除非神关怀你们，再次给你们派一个人来。 我这样的人是神派给雅典的礼物，在这方面你们已经看到了，多少年来，我都将有关自身的一切事情都抛之脑后，而总是不断地为你们忙碌着。"

苏格拉底上面的一段话是出自苏格拉底的自我感觉，他感觉自己就像牛虻一样。 他把雅典比喻成马，自己就紧紧跟随在它身边，像令人厌烦的虻。 虻是有些像苍蝇但体积比苍蝇稍大的一类昆虫，虻专门靠吸食人和牛马的血为生。 作为虻，要是附在马或牛的身上时间太长，就有被马尾巴或牛尾巴扫落的可能，因此送了命。 虻本身对此是无所知的，而苏格拉底以虻自喻，他是知道有被扫落因而送命的可能。 但他之所以仍旧跟在"牛马"身上而不愿离开，是为了执行他的使命。

牛 虻

牛虻以吸食人血生存，有时会把人从睡梦中吵醒，苏格拉底

苏格拉底

的行为就有类似的结果：苏氏就是要使雅典人明白自己无知，以此警示他们要照顾自己的灵魂。

在"辩白"中，苏格拉底将自己比喻为牛虻；他也知道虻必然会因叮马而死，而受叮咬的马早晚有一天也会死。而苏格拉底知道，只有思想和精神永远不会死。苏格拉底除了将自己比喻为虻，还将自己比喻成"带电的鲟鱼"。一些人说苏格拉底就像海里扁平的电鲟鱼一样，凡是和他交谈的人，最后都会被他提出的问题麻痹，以至于对所提的问题都无法回答，由此暴露出自己的无知。

★★★★★★★★
资料链接
★★★★★★★★

鲟　鱼

鲟鱼是世界上现有鱼类中体形大、寿命长、最古老的一种鱼类。鲟鱼是现存的古老生物种群，起源于亿万年前的白垩纪时期，素有水中"熊猫"之称。鲟鱼以其奇特的体形而被作为观赏鱼饲养。鲟鱼的头呈犁形，口下位，尾歪形，体背5行骨板。其幼鱼与成鱼均具观赏价值。

鲟鱼

思想有的时候就像闪电一样，突然在人的内心中闪烁，使人顿悟。但苏格拉底的哲学思想、精神的形成并不像闪电一样的迅速，而是逐渐、缓慢、非常的艰难才形成的。在希腊内部世界伯罗奔尼撒战争中，国家的命运与个人的生死息息相关，而生

苏格拉底
Sugelada

活在动荡不安的社会下的人们，更需要的是精神上的鼓励和安慰，苏格拉底也不例外，他也需要慰藉心灵的哲学。当时的哲学按内容可以分为研究宇宙万物的自然哲学和智者研究的人际哲学，这两种哲学形成了当时希腊哲学的两个主流学派。但是，无论是自然哲学的学派还是人际哲学的学派都无法让苏格拉底满意。苏格拉底曾经研究过自然哲学，但是研究让他大失所望，于是他转移了方向，开始专注于研究人类。

苏格拉底首先向智者挑战，这一挑战逐渐深入并尖锐起来。苏格拉底越来越清楚智者所用的方法，但是这也让他越来越不满意他们运用这种方法来从事哲学的研究。而且他也感觉到当时希腊政治家的腐败和堕落。

当时，雅典人都非常信仰神和传统性的宗教。很多人都想知道，众神对这种内忧外患的情况是如何判断的。也许神对苏格拉底十分了解，所以就让开瑞丰传达了神示。

开瑞丰询问神在雅典有没有比苏格拉底更有智慧的人时，神的祭祀告诉他，雅典城内没有比苏格拉底更有智慧的人了。起初苏格拉底听到这句话，还非常的迷惑和震惊，他认为神的语言应

德尔菲神庙

该是绝对正确的，但是他又不敢完全相信，他认为神的这句话一定有更为深刻的内涵，所以他先研究自己，再出外寻找比自己更聪明的人，最终，苏格拉底接受了神示。

在德尔菲神殿上刻有一句话："认识自己"，苏格拉底寻找

智者的方法也是先了解自己。他经过与别人的问答，剖析自己的内心与别人的内心。他认为一个人思考，容易陷入自我矛盾的状态中，了解自己的最好了法，就是用别人的镜子来了解自己，也就是说经过交谈、答问，来对自己和别人有更加深刻地了解和判断。

最初的伦理学

苏格拉底认为自己富有神圣的使命，他首先要让那些自以为聪明的人发现自己的无知再进而呼吁，每个人都要"关怀灵魂，获得至善的生活知识"。苏格拉底认为，道德是可以通过学习获得的。虽然苏格拉底不是一个普通的传道者，但却以传授道德方面的知识为己任。他在伦理学方面的见解，与他的灵魂不灭论和知识论方面的见解互为关照，相得益彰。我们甚至可以这样说，苏格拉底的"伦理学"是奠基于"知识论"的；因为他认为"罪恶的根源是无知"、"美德就是知识"、"行恶之人只是对美德的估计错误，而不是心甘情愿的"。

首先来说苏格拉底的"行恶之人不是心甘情愿的"这种理论。苏格拉底认为，没有人不是希望得到善或者幸福，一个人会去做坏事必定是他的良知被蒙蔽，他们将坏事误以为是好事，是善举，是有益的。如果一个人明白灵魂堕落之后的惨重后果，了解物质上的享受或者表面的财富权利所带给人的好处，若与灵魂上的好处相比较，就会显得一文不值，行恶之人也就不会再去做坏事了。也就是说，苏格拉底认为，会去做坏事的人，只是因为错误地认为他所做的恶事可以给他带来善和幸福，而不是发自真心地想去做坏事。

从以上的的说法中，我们可以得到一个结论，即苏格拉底认为"美德即知识"。所谓美德，就是一种对"道德价值"的肯定，对"善"的坚定信仰，而人之所以行善，是因为拥有各种美德，从而培养了理性的行为与思考，而理性的培养，依赖于客观的知识。苏格拉底认为"知识是一种回忆或认识的过程"，各种善的知识早已经存在于人们的心中。教师就是要设法鼓励人们辨识，发现它们，所以苏格拉底总是使用问答法激发人类心中的善。

综观苏格拉底的伦理学说，就是在阐述和肯定"道德价值"，并认为它就代表知识。他主张"罪恶根源于无知"，所以一个人只要知道什么是善，就一定会行善；只要使人们知道"美德即知识"，并在日常生活上实行美德，这个社会就必然和谐。苏格拉底有关伦理道德的学说是不是完美无缺呢？柏拉图的弟子亚里士多德曾经批评过苏格拉底的伦理道德学说忽略了灵魂的缺陷。因为苏格拉底认为，人类只要明白什么是善，就会去行善，但这种说法建立于一种假设中，这个假设就是：人的行为都被理性所控制。苏格拉底却忽略了，在现实生活中，大部分人的行为是受感情所左右的，而这就是灵魂本身的缺陷。亚里士多德所指出的这一点确实有几分道理。苏格拉底做任何事情总是按理智的准则处理，所以他就认为人的行为都是受理智所支配的。这样，苏格拉底就忽略了感情这一因素。但尽管如此，苏氏有关伦理道德的学说还是具有真知灼见的；他有关伦理道德方面的论析，就是伦理学的最初观念。

亚里士多德

苏格拉底
Sugeladi

理念论的雏形

苏格拉底和别人的辩论多是为讨论一些概念定义，如什么是勇敢、自制和友爱，其形式就是："x（指代某个观念）是什么？"然后通过问答，得出这是某个概念的定义。在此之前，极少的人用过这样的方式去探讨问题。而苏格拉底通过对定义的探讨，以此规范人的理性知识，并对存在的本质也进行追溯，这是具有很深刻的哲学意义的。亚里士多德对苏格拉底的这一学术范例即探讨普遍性定义评价极高，认为这是苏格拉底对哲学的一大贡献，亚里士多德还认为这是柏拉图相论的直接思想来源。

苏格拉底所说的普遍性的定义是指概念性的定义有普遍性、确定性及规范性。苏格拉底有关不确定性的定义的论述是有针对性的，是对智者而说的，因为智者把这类观念认为是人本身制定和规定的，认为每一个人的认知都是正确的，没有错误之分。因此，苏格拉底用论证的逻辑方法，先从现象然后逐步到本质进行辨析，以此揭示出事物的本质属性。这种事物的本质属性，就是苏格拉底所重视并加以说明的理性知识。苏格拉底这样做的目的是用这种具有普遍定义的理性知识针对早期自然哲学中的直观思维，并由此出现的独断倾向。苏格拉底的目的是要以人类的理性思维来探讨事物的本质。那么，苏格拉底又用什么办法进行定义呢？他主要是作归纳论证，用的是推理和证明的逻辑方法。苏格拉底的具体做法是，他先要求与他辩论的人，对某种美德作出定义，与他对话的人，就以某种特殊的事例作为定义，或者提出十分狭隘或宽泛肤浅的说法，随后苏格拉底对这些说法加以论证剖析，一语道破其致命弱点，让对方陷入自相矛盾、十分被动的境地，不得不放弃自己所做的阐述。 然后，苏格拉底再加以对其引导，从部分到整体，由特殊到普遍，最后归纳出某一类事物的共同本质。 这就是柏拉图后来在《拉凯斯篇》中所下的断语："辞事相称，"也就是使定义能点明某一类事物"共同的质"。 亚里士多德后来在他的《论题篇》中更进一步地作了具体的说明与论证。 他还用具体事例来说明苏格拉底有关"辞事相称"及"共同的质"的论点：如具有航海这一专门技艺的航海家则是最好的航海家，具有专门驾车这一技艺的驾车人则是最好的驾车人等等，由此概括出"专家"的定义是通晓与实际掌握这门技艺最好的人。 这在古希腊逻辑思想的发展史上是极具意义的。 还必须指出的是，苏格拉底有关概念定义的"普遍性"，并非这种事物的共同性、相似性，而是这类事物的"本质特性"，柏拉图在他的《美诺篇》中阐明了苏格拉底的这一论点。 因此，学术界认定，苏氏有关普遍性定义的理论是柏拉图"理念论"的雏形，也是"理念论"的直接思想根源。

苏格拉底为后世师表

苏格拉底

知识论

苏格拉底最伟大的成就之一，是创立了科学的治学方法——辩证法、归纳法，并且经由这种方法建立了他的知识论。知识论所导致的最直接的效果是，推翻了智者所倡导的"真理就是知觉、感觉"的说法，并以此恢复了真理的客观性。

"辩证法"不但为苏格拉底找到追求真理的方法，也为后世指出寻求真理的可行路径。柏拉图曾经运用此法，并更进一步将推论的结果与观测的事实相比较，以证实推论是否能成立。

苏格拉底所创的所有学说中，对后世影响最深远的就是知识论。

苏氏所倡导的就是以公平客观的态度来对待真理的源头，这就是柏拉图哲学体系中的主导，即"理念说"。"理念说"是指"概念"或是"共同的质"。"理念"是某一事物具有的普遍的而且不变的质的特性。是由于归纳比较同一类型、同一属性事物的性质而来的。将这些事物的相似性保持，排除它们各自特殊而且互异的性质，这样就为某一事物确立了其特性。比如说，我们不能将棕色这个性质，归入所有马的特征中，因为并不是所有马都是棕色的，但是我们可以"四只脚"这个性质纳入，因为所有的马都有四只脚。

德行也可以经过归纳比较确立其"理念"。因此，智者就不能说："我所认为对的，对于我就是对的，我所执意去做的；无论怎样，这对我而言，就是合乎道德的。"因为，我们若要观察一个人的某个行为是否合乎道德，只要考察，与道德的"理念"是否相符合即可。通过上面的论证，可以看出，苏氏的"理念"说，就某些方面而言，在科学上有根本的定义，而在另一方面，则是伦理道德的理想标准与规范。

苏格拉底很重视道德的标准，因为有了这些理念，是非才有公断，不至于到最后莫衷一是。

柏拉图

苏格拉底不管在生前还是死后都有着无数的弟子，因为只要想学习哲学的人，就会接受到苏格拉底哲学及其精神的思想。 他的"灵魂"（指思想和精神）超越了时代、人种和地区生存了下来，并且发扬光大。

苏格拉底主张的灵魂不灭，而他的精神也的确是以某一种形式扎根于人类的心中。 他不但是一个教导人们思想的哲人，更是一个行动上的表率。 他常说，身教胜于言教，苏氏在身教方面的确使人心悦诚服，大凡受到苏氏的学说、思想及精神熏习过的学子，无不学会自身亲躬及自省，并且要竭尽全力将苏氏的思想及精神实质反映出来，但是有谁真能超越他呢？ 如果有，那也是极少数的，其中就包括柏拉图。

如果没有柏拉图，我们就不可能了解苏格拉底的生平事迹，因为，苏格拉底生前没有著作。 唯有借着柏拉图的著作《对话录》，特别是其中的《申辩篇》、《克里同篇》、《欧绪弗洛篇》、《拉凯斯篇》、《小希庇亚斯篇》及《普罗泰戈拉篇》等，我们才能了解到苏格拉底的伟大。

柏拉图出生于贵族家庭，天赋颇佳，苏格拉底死时他才二十八岁，已经跟从苏格拉底学习八年。 我们阅读柏拉图的对话录时，可以感受得到柏拉图的艺术天才。 他创造出兼顾真与美的一种文体——对话，使哲学从此有了美丽的外衣，不再是死板和单调的。 文辞藻饰熠熠发光，生动、优美而有力，因此英国浪漫派诗人雪莱曾说："柏拉图严格缜密的理论与诗的热情融为一体，以绮丽而又和谐的辞藻将此二者融合为一股无法抗拒的音乐洪流，展现在人们眼前，促使理论向前奔泻，向读者倾轧过来，由此使读者喘不过气来。"

柏拉图的《对话录》大约有二三十种，大约写成的前后时限有50年，因此，这些"对话"所表达柏拉图的思想并不一样，因具体时间的不同而有所变化与发展。柏拉图所著的《对话录》的内容极为丰富，其中含柏拉图的理念论、辩证法、认识论、伦理学、政治学、美学以及修辞、语言和自然哲学等各个方面。他在《对话录》中不仅提出了自己个人的观点，而且还批判性介绍了他之前及与他同时代的哲学家、思想家，它们都是极有价值的材料。在当时各个学术领域的分工还不十分明确，柏氏的《对话录》所论述虽各有其重点，但其中也包含别的学术方面的内容。但无论如何，柏拉图在哲学、思想和文化上的崇高地位是无法动摇的。

柏拉图初期的哲学全部是苏格拉底的思想，中期到晚年的思想则受到毕达哥拉斯数学理论的影响，但也不能完全抹杀苏格拉底对他的影响。只有从柏拉图晚年的政治活动和所遭受的挫折中，才能明显的看出他与苏格拉底的不同。柏拉图的完美理想主义，是受苏格拉底的影响而产生的。柏拉图以"观念论"为顶点，来壮大、发展哲学体系，均为其师苏格拉底所惠赐，而苏氏首扬其首的辩证法则成为柏拉图哲学方法的根本。

小苏格拉底派

苏格拉底作为一个伟大的思想家，他的思想和哲学包含了各方面的知识，并且调节其分歧和冲突，而建立起自己的思想体制。 但是苏格拉底死后，他在哲学方面的很多的思想都被分裂成很多的学派，每一个学派自成一体，发展成一种偏向于苏格拉底某一个思想的学派。 苏格拉底的弟子只有柏拉图完全继承了苏格拉底的衣钵，并且将苏格拉底的哲学思想发挥到了更高一层。 当然苏格拉底的哲学还影响了别的哲人。 苏格拉底生前并没有创立固定的学派团体，但苏格拉底的不少弟子有不少是以传授他的学说而自命的。 在这些苏氏的弟子中有些人恪守苏氏的教谕，毫不旁骛地回忆并记述苏氏的哲学对话，然而这些宝贵资料都已散佚，未能传承下来。 但苏氏弟子中有一部分在他死后吸取学说、思想及精神中的某一部分予以发挥，或是糅合别的哲学思想创建了某一学派，并以此持久传承下去，产生了相当大的影响。 所有这些主要形成了三个不同的学派，即昔尼克或"犬儒学派"、居勒尼或思维乐学派及麦加拉或论辩学派，而将这三个学派合起来，学术界统称为"小苏格拉底学派"。 这三个学派是各执苏氏学说、思想及精神的部分，而将别的哲学思想糅合其中。

小苏格拉底学派的三个分支各有自己鲜明的特点。 而且都产生了很大的影响。 苏格拉底本身虽然具有开拓性和探索性，其研究的内容虽然极为丰富，但却没有形成十分严密和一个具有系统性的哲学，苏格拉底所标榜的哲学最高的境界"善"还是比较抽象的，没有做更进一步的阐述，而小苏格拉底学派的各个分支则选取了苏格拉底思想的某一方面进行研究。 比如，居勒尼学派吸取了一些智者关于感觉论的因素，将"善"界定为快乐。这样一来，"善"的意思又含有享乐主义的意思，但是同时对理智世界所界定的欢乐也是十分重视的，这一点开了伊壁鸠鲁哲学的先河。 昔尼克学派，亦即犬儒学派，所主张的"善"则是顺应自然，仅仅是满足十分简单的自然需要，他们提倡节制，要求禁欲，但是后来演化成了一种玩世不恭、放荡不羁的思想和生活方式；这是斯多亚学派的先声。 麦加拉学派是将苏格拉底所主张的"善"与爱利亚学派所主张的"存在是一"的论点结合起

苏格拉底

来，同时还将芝诺式的论辩法予以生发，故而这一学派有"论辩派"之称。它在逻辑思想方面有极大的建树，斯多亚学派的逻辑思想直接受惠于此。

小苏格拉底学派所包含的三个分支都各自包含独特的有价值的思想内容。而小苏格拉底学派在上承接苏格拉底思想的精华，在下承启晚期古希腊哲学的嬗变。小苏格拉底学派正好处于这中间的一个环节，由此可以看到古希腊辉煌衰落时期，知识界的勃勃生机的状态，因此，我们在研究苏格拉底的时候，有必要研究小苏格拉底学派。

犬儒学派是公元前446年—公元前336年创立的，由于安提斯泰尼经常在雅典郊外名为"白犬之地"的运动场与人交谈，并用这种方式教导人们，所以称为犬儒学派。这一名字的象征意义就是要像猎犬一样生活，提醒人们节制和禁欲。这也表明当时的这一学派宣扬的是一种简朴的生活。

犬儒学派和柏拉图的"理念论"对立，认为"种"、"属"理念是没有意义的，只有个别的事物才是真实存在的。他们把这种哲学原则贯彻于生活中，并且身体力行，这个学派崇尚自然，但把自然与社会绝对对立起来，认为一切人间的文明享受都是多余的、有害的，理想的生活应是极端简朴的原始生活。有的则弃绝宫室，栖身于大桶中。他们提出"德行本身就是幸福"，主张摒弃一切人间的享受。犬儒学派这个原则是把自然与习俗、法律对立起来，尊重自然而贬抑习俗和法律。

公元前3世纪后犬儒学派很快就衰落了。在公元前1世纪左右，犬儒学派又有所恢复，罗马宫廷里有不少的"犬儒乞丐哲学家"。这个学派在哲学上对后来的斯多阿学派有一定影响。

关于犬儒学派的创建人安提斯泰尼，据一些历史资料记载，安提斯泰尼并不是纯阿提卡血统的雅典人，他的母亲是色雷斯人。根据当时雅典的法律规定，安提斯泰尼是没有资格取得雅典公民权的，由于他在公元前424年参加伯罗奔尼撒战争中的唐格拉战役立下战功，于是取得了雅典公民的资格。而安提斯泰尼轻视土生土长并以此为傲的雅典人。他曾说，这样的雅典人比蜗牛和蝗虫并强不了多少。安提斯泰尼最初追随高尔吉亚，跟从他学修辞学，所以安提斯泰尼在对话时颇具雄辩家的风采。后来他又跟随从苏格拉底学习，并且还率领自己的弟子一齐拜苏格拉底为师。安提斯泰尼的家不住在雅典，但他每天都要徒步到雅典聆听苏格拉底讲学，由此可见他性格的刚毅、生活上的吃苦耐劳，同时也表现他对苏格拉底的崇敬及对苏氏学说的执信与奉行。安提斯泰尼是"犬儒"派俭朴生活的开启者与奉行者。安提斯泰尼的成果丰硕，有文献记载了他所撰写的 10 卷著作共 61 篇的全部篇名，并且指出安提泰尼对后世的狄俄革涅斯等人的思想有所启示，斯多亚学派的哲学也源出安氏所创建的昔尼克，即犬儒学派。苏格拉底的弟子柏拉图在他的《会饮篇》中对安提斯泰尼安于俭朴的生活有所记述，并说安氏认为追求骄奢淫逸的生活，这是家庭与城邦败落的原因。柏拉图还说，他平易近人，与他交谈令人感到愉快。安提斯泰尼表现出很高的修养和比较严谨的哲学思想，并且比较接近苏格拉底的哲学精华，但是有关普遍性定义及道德哲学方面已经呈现出片面化和绝对化的倾向。传记作家第欧根尼·拉尔修曾说，安提斯泰尼是给陈述下定义的学人，安氏说陈述就是说明事物是什么。安氏主张生命要脱离于物欲之外，舍弃一切生活的享乐，并且对各种欲望要严加控制。由于苏格拉底曾经说，伦理道德知识是所有知识中最有价值的，因此，犬儒学派就对一切艺术和学问加以排斥，这一学派认为只要有伦理道德，其他方面的任何知识都毫无用处。苏格拉底一直沿着自己的人生道路行走，从不理会别人对他的人身攻击，更不介意别人的看法，他的这样的作为完全是自然性格的流露，并没有做。但是犬儒学派却故意反公众意见而行，所以后来犬儒学派的内容变成了玩世不恭。而从根本来说，犬儒学派的偏颇之处就是他们只看见了苏格拉底与其哲学思想的表面，于是就不假思索地表现出来，把动机和目的混为一谈，让大众难于接受认同。

苏格拉底

居勒尼学派的创始人是亚里斯提卜，他生活的年代大约是公元前435年—前350年间。据说，亚里斯提卜提出生于希腊城邦居勒尼。他的青年期正是苏格拉底的晚年时期，那时苏格拉底名声斐然，亚里斯提卜十分仰慕苏格拉底，于是就来到雅典跟随苏格拉底学习哲学。其实，亚里斯提卜在还没有拜苏格拉底为师之前已经是一位有学养的

希腊时代犬儒学派的代表人物迪奥介尼斯

演说家了，这是因为他在居勒尼时曾经受到过智者的影响。因此，亚里斯提卜跟苏格拉底学习也并不拘泥于苏格拉底的教义，他仍进行独立思考，这样，他们常有争论。同时，亚里斯提卜是苏格拉底众多弟子中唯一一位向跟从他学习的门生收受学费的学人。同时，亚里斯提卜也向苏格拉底交纳学费，但苏格拉底从未收过。亚里斯提卜主张对于难以等到的欢乐享受不应该去费很多精力去追求，而对于不费力就可以取得的欢乐就要寻觅和追求。他有很高的应变能力，对于各种场合、时间都能从容面对。无论在什么环境下总能扮演适当的角色。他曾经去过西西里，并在叙拉古王狄俄尼西俄斯的宫廷中受到厚待。但是这样的生活也是需要小心翼翼的。据说有一次狄俄尼西俄斯啐了亚里斯提卜一口，他忍受了。后来他听到别人对他的非议，但他辩解道："渔夫为了要捕到一尾小鱼不惜自己的身上溅上海水，我要捕的是一条大鱼，又有什么不可以忍受的呢！"也因此有人说亚里斯提卜是"国王的哈巴狗"。还有一次，狄俄革涅斯正在洗菜，亚里斯提卜从他身边走过，狄氏对亚里斯提卜喊

从以上的内容可以看出来，亚里斯提卜的哲学态度与犬儒学完全不同。 犬儒学崇尚自然，认为应该放弃快乐和享受。但是居勒尼学派认为有理性的人在生活中应该不遗余力的去追求个人的欢乐和享受，特别是要满足心

西西里岛

理和感官上的享受，他们在哲学上所奉行的实质是一种感觉论，即满足情绪的某种需要。 这一学派认为个体的感觉是人们所知道的一切，是判断一切的标准，也是生活的目的。 亚里斯提卜撰写过一部三卷本关于他母邦的历史，是奉献给叙拉古王狄俄尼西俄斯的。 他还撰写过另外一部著作，其中包括 25 篇对话。但是都已经散失了。

麦加拉学派的创建人是欧几里得。 但是他与数学家欧几里得并非是同一个人。 伯罗奔尼撒战争即将爆发时，麦加拉城邦是站在斯巴达一方的，因此与雅典敌对。 但是欧几里得为了要聆听苏格拉底的有关哲学的演讲，经常冒着被捕处死的危险，穿上女人的衣服潜行到雅典。 柏拉图撰写过的一篇题名为《泰阿泰德篇》的著作。 这篇著作一开头就描述公元前 369 年的雅典与科林斯的战争，当时欧几里得将负伤的泰阿泰德从科林斯运回雅典。 在这篇著作中，柏拉图还说欧几里得在此之前曾记录过苏格拉底与泰阿泰德交谈的内容，记录人还向苏格拉底反复对证过这篇谈话的内容。 从这里来看，欧几里得的年龄应该比柏拉

图较年长。根据传记作家第欧根尼·拉尔修的《名哲言行录》，在苏格拉底死后，他的弟子柏拉图及其他一些门生，为了使雅典的三十僭主不能加害于他们，于是离开雅典，逃避到麦加拉去。

在麦加拉，欧几里得热情地接待了他们。在《名哲言行录》中还说，欧几里得曾对爱利亚学派的哲学家巴门尼德斯的学说作过深入研究。那么，追随欧几里得学习的人都可以说成是麦加拉学派的成员。公元前罗马政治家、学人西塞罗（公元前106—公元前43年）在其《学园问题》中写道：麦加拉学派是极负盛名的；他还说，公元前六世纪的著名学人塞诺芬尼斯是爱利亚学派的创建人，此人的继承者依次是巴门尼德斯和芝诺，"以后还有苏格拉底的弟子欧几里得，他是一位麦加拉人，因此，这一学派由于欧几里得和另一些哲学家是麦加拉人而被称为麦加拉学派。这个学派所主张的最高的善是"一"，这是连续一致的，总是同一的。这一学派在许多地方受到柏拉图的影响。"从这方面可以看出，麦加拉学派其思想自成一体，是将存在看作"一"，并以此与苏格拉底关于"善"的论点等同，将这两端视为一体。由此可见，麦加拉学派其有关论述存在、"一"与"善"等方面，与柏拉图的晚期哲学论点有相似性。《名哲言行录》中说，欧几里得曾经写过6篇对话，但也都散失了。欧几里得的哲学观点是，欧氏主张"善"的最高表现为确凿的"一"。对这一论点，欧氏用了不同的词，如"智慧"、"神"，有

西塞罗

时还用"努斯"等来指称这一观点。 对于一切与善相对立的事物，欧氏都予以否定，并且甚至宣称这是不存在的。 所有这些正与西塞罗的记述相吻合。 这也为学术界提供了有用的材料，即欧几里得从爱利亚学派的视角审察，从而修正苏格拉底的哲学。 这也是麦加拉学派的一个特点。

以上三个就是小苏格拉底学派的分支，他们都共同主张苏格拉底的思想，即"德是人生唯一目的"学说，但是各有偏颇，无法尽得苏氏思想。 但是它们的发展对研究苏格拉底的思想还是很有用处的。

《尤息德谟斯篇》

最后，为各位读者摘录一段关于苏格拉底的高徒柏拉图所撰写的对话录《尤息德谟斯篇》，从中体会苏格拉底的辩证法和哲学思想。

尤息德谟斯：苏格拉底先生，您今天怎么不在园场，反而到市厅的走廊下来了？您该不会是和我一样，也为了控诉而来吧？

苏格拉底：尤息德谟斯先生，依照雅典人的说法，我不是来控诉而是被告。

尤息德谟斯：唉！我本来就以为是别人控告您，因为我不相信您会去控告别人。

苏格拉底：当然了，绝不是我要控告别人。

尤息德谟斯：这么说是有人要告您了？

苏格拉底：是啊！

尤息德谟斯：这人是谁呢？

苏格拉底：尤息德谟斯，这个人我也不太熟悉，只知道是一个没什么名气的年轻人，听说叫吕孔，住在壁独区。 您对这个

苏格拉底

人有印象吗？他有长头发，留了些胡子，还有一个鱼钩鼻。

尤息德谟斯：我不记得了，他为什么控告您呢？

苏格拉底：为什么？这真的不能几句话就可以说明白的。这人虽然很年轻，但恐怕是个不可轻视的人。他知道一般青年如何被人引入歧途，而且又知道是谁引导的。我的意思是说，他是个智者，能发现我的愚昧而宣称我蛊惑了青年，所以将我告上法庭。这人在政治上来说可算是得道了。从政之道，没有比引导青年使其从善更重要的了，如果他真能提携后辈而尊重贤者长者，那么他将会为公众造福。

尤息德谟斯：就恐怕要适得其反，他攻击您正是想动摇国本。到底他用什么言词来控告您蛊惑青年呢？

苏格拉底：乍听之下，他的话很奇特，他说我创立新神而不信国神。

尤息德谟斯：大概是因为您曾对人说经常感觉得到有某种灵兆，所以他以为您是想改革宗教呢！您可别因此而气馁啊！

苏格拉底：尤息德谟先生，您又是为什么来这里呢？原告还是被告？

尤息德谟斯：我是原告。

苏格拉底：控告谁？

尤息德谟斯：我父亲。

苏格拉底：告您父亲啊？他怎么啦？

尤息德谟斯：控告他杀人。

苏格拉底：我想您父亲杀的一定是您的亲人吧，如果是一个路人的话，您就不会提出控告了。

尤息德谟斯：您这样区分路人与亲戚，我觉得不妥。问题在于死者是否罪有应得，如果不该死，则应将行凶者绳之于法。这死者是我家的奴隶，有一天，他喝醉了与一个仆人吵架，后来竟愤而将仆人杀死了。我父亲知道了就把他绑起来丢到沟里去，并派人到雅典求签，请教神明究竟该如何处置他，没想到使者还没回来，他就饥寒交迫死了。我家人都认为我因此而控告父亲是大不敬，由此可见许多人还不了解神明律令所昭示的"敬"与"不敬"的真意啊！（注：此处所谓敬，即敬神，亦即信教；不敬即背教。）

苏格拉底：您能对于神令如此明悉，甚至控告自己的父亲也不怕会涉及"不敬"之罪，真是难得啊！我真该奉您为师。 我该去告诉米利特斯说："如果你承认尤息德谟斯深明律令且见解正确，那么就不该控告我；如果不赞成尤息德谟斯，便该先控告他，因为他是我的老师，应该告他败坏老人。"如果他不把告我的罪名用来告您，那么在法庭上我便可以凭这一点和他辩论了。

尤息德谟斯：对极了，他如果告我，我必能指出他的错误，那么，法庭上质问、斥责他的人，一定多于质问我的人。

苏格拉底：朋友，就我所知，一般人——甚至吕孔，都没注意到您的卓越见解，以您对"敬"与"不敬"的了解，请问所谓"敬"是否在任何行为中定义都相同？ "不敬"是不是一定为"敬"的反面？而"不敬"的概念是否可以包括一切不敬的事？

尤息德谟斯：当然如此。

苏格拉底：这么说"敬"是什么？ "不敬"又是什么呢？

尤息德谟斯：像我现在做的便是"敬"，我认为，只要发现行凶者、冒渎神明者，不论他是自己的亲戚或路人，我们都应该提出控诉，不这么做就是"不敬"。 我的作法是为了要证明一个原则，就是任何人一旦对神灵"不敬"便要受罚。 宙斯是诸神中最受人尊敬的吧！世人能准许他因自己父亲吞灭其子而把父亲捆了起来，而他父亲也因同样理由惩罚过宙斯的祖父游仑诺斯，为何世人对我的行为就不赞同呢？这不是很矛盾吗？

苏格拉底：您相信这神话是真的吗？

尤息德谟斯：是啊！您如果愿意知道，我还可以告诉您更多。

苏格拉底：以后再说吧！您先对"敬"与"不敬"给我一个简明答复，使我衡量其他人行为的时候，可以有一个标准。

尤息德谟斯：那么您就请听明白了：凡是为神所好的就是

"敬"，为神所弃的就是"不敬"。

苏格拉底：这么说"敬"与"不敬"是处于极端地位了？

尤息德谟斯：一点也不错。

苏格拉底：但是我们不是也说，神明间也有仇恨、愤怒和争执吗？

尤息德谟斯：的确如此。

苏格拉底：那么仇恨与愤怒是不是因为彼此意见不一致呢？比如说我认为多，您却认为少，我认为大的您却认为小，我认为比较轻，您却认为比较重，这么一来，我们将因争执而变成仇敌。所以凡事只要能求得正确就能消除争执了吗？

尤息德谟斯：当然如此。

苏格拉底：除这些以外，不能用这个方法解决的争端，岂不就要引起愤怒、激起仇恨了吗？依您看神明间会有争执发生是否也是因为这个原因呢？

尤息德谟斯：不错。

苏格拉底：照您这么说，诸神若对善、恶、是、非的见解不同，就会有争执，若见解一致就不会争斗了，是吗？

尤息德谟斯：是啊。

苏格拉底：那么神明不是也和我们一样，喜欢自以为美善的事物；而厌恶与美善相反的一切。

尤息德谟斯：确实如此。

苏格拉底：照您这么说，我们若对同一件事持不同的看法，我认为正确，而你却认为是错误的，就会产生争执和发生争斗了，是吗？

尤息德谟斯：没错。

苏格拉底：那么，如果同样的情况发生在神明之间，甲神以为这件事情很好，乙神却很憎恶这件事情，那不就是说，这件事既被神所弃，又被神所好了吗？

尤息德谟斯：嗯！好像如此。

苏格拉底：尤息德谟斯先生！这么看来，同样一件事我们不是既可以称为"敬"又可以称为"不敬"了吗？

尤息德谟斯：我也这么以为。

苏格拉底：朋友！我敢说你我的问题都没找到一个正确的答案。就您所说，神所好所恶不一，您控告父亲的事，在宙斯神认为是正确的，但是克洛奴斯神和乌拉奴神就不会赞同；在海菲斯托斯神视为满意的，而海拉神就认为是不对的，其他别的神意见又各不相同了。

尤息德谟斯：但是我相信神对于杀人者必受惩罚这点应该无异议。

苏格拉底：在我们这些人里，是不是有人先自认罪过又说不该受罚呢？

尤息德谟斯：还没听说。

苏格拉底：如果诸神对于善恶意见不一致所发生的争执，也和人们相同，那么对不敢随便说"恶人可不受罚"这一点也该相同了？

尤息德谟斯：大体上可以这样说。

苏格拉底：无论人、神，对于特殊事件会起争执，都是因为事情处在模糊与清楚之间，是吗？

尤息德谟斯：是的。

苏格拉底：尤息德谟斯先生，您真是见解高深！再请问您，何以证明您这家奴不该被处死？又如何证明众神都赞成您这种大义灭亲的行为呢？您如果能证明这个的话，我对您可真是佩服得五体投地了。

尤息德谟斯：这可不是一件容易的事情，但我会让阁下了解的。

苏格拉底：那么现在我对先前的说法做一些修正：凡是众神都认为不好的就是"不敬"，众神认为好的便是"敬"；如果众神莫衷一是，便可说"敬"也可说"不敬"，或说"非敬"也"非不敬"。以这个做定义如何呢？

尤息德谟斯：没什么不可以的呀！虽然还应该更加深入的研

究，但是这种说法是肯定，不能更改的了。

苏格拉底：过段时间或许我们便能更加明白其中的道理了，而我现在所要弄清的第一点是：究竟是因"敬"而被神所好，还是因神所好而称为"敬"？

尤息德谟斯：我不懂您的意思。

苏格拉底：我们不是常说："载"和"被载"、"用"和"被用"、"见"和"被见"吗？这些言辞的分别想必您也很明白了，如此说来，"爱"和"被爱"之间不是也有区别吗？

尤息德谟斯：当然有。

苏格拉底：好。请问，在"装载"的状态中，用来做被装载的物品，难道就是因为它本身是个被载物吗？还是有其他的原因？

尤息德谟斯：正是如此，没有其他的原因。

苏格拉底：这么说，"所用"和"所见"也同理可证了？

尤息德谟斯：是的。

苏格拉底：我以为，任何事物无论是自变或被动，一定都有个开始。它自变是因为变了而有这变化的状态，并非因它处在一个变化的状态中。物体被动也是因为受到动才变成被动，而不是因处于被动情况才称为被动。您认为我这说法可对？

尤息德谟斯：对！

苏格拉底：那么"所好"并不是在一种自动或被动的状态中了？

尤息德谟斯：是的。

苏格拉底：要知道被爱的状态是因为被爱的动作而呈现出来的，并不是被爱的动作由被爱的状态所完成的。

尤息德谟斯：当然如此。

苏格拉底：您所谓的"敬"不就是被众神所好的吗？

尤息德谟斯：是的。

苏格拉底：之所以为众神所好，是因为它实在是好或是有其他因素呢？

尤息德谟斯：正是这个原因。

苏格拉底：那么是因其"敬"而为神好，而不是因其好而称为"敬"了吧？

尤息德谟斯：是的。

苏格拉底：也就是说神所爱所好，这事物在被爱状态中就是因为它被神所爱了是吧？

尤息德谟斯：这个当然。

苏格拉底：如此说来，神所爱的不一定就是敬，而"敬"的又未必为神所爱，依阁下之意，这是截然不同的两件事情了？

尤息德谟斯：苏格拉底先生，您的意思是……

苏格拉底：我是说我们已公认是因其"敬"而为神所爱，不是因被神所爱才生"敬"了，是不是？

尤息德谟斯：嗯！

苏格拉底：也就是说众神认为好的才被认为是好，而不是因为好，众神才喜爱，是吧？

尤息德谟斯：是的。

苏格拉底：朋友，照这么说来，你所谓的"敬"必然是指为神所爱的状况了，但你知道的却正好相反呀！一个是因被爱才成为可爱，一个却因可爱而被人爱。我请教您"敬"的本义，您只告诉我它的性质之一——被众神所爱而已。还请告诉我究竟什么是"敬"与"不敬"吧！至于这"敬"是否要为神所爱，本来不是我想争辩的呀！

尤息德谟斯：苏格拉底先生，我实在不知要怎样表明自己的意思了。我们在讨论中所持为依据的，竟然都出现了缺点，不能再做我们谈话的根据了。

苏格拉底：您所说的和我的远祖德狄勒斯（名雕刻家）所做雕刻品很像啊。如果这话是我们说的，您可以因为我论据脱离原来立场而笑我，因为我本来就是德狄勒斯的后裔。但今天这话却是您说的，您真该自我解嘲一下，因为您也知道您的论点，已经动摇了！

苏格拉底

尤息德谟斯：错的！先生。使立论脱离原意的是您而不是我，您是德狄勒斯的后裔呀！

苏格拉底：真是如此，我的技术岂不比德狄勒斯更高明了？他只能使他自己的东西流动，而我还能让别人的东西也流动了起来。他的方法虽好，但却有违我的本意啊！我宁可什么都不变动，就算以德狄勒斯的智慧和唐泰流斯（注：宙斯之子，以富有著称）的财富来换，我都不愿更改。我希望您还是先告诉我是不是凡"敬"也必属"正"？

尤息德谟斯：是的。

苏格拉底：这么说的话，凡是正确的必定是被神所喜欢的吧？还是该说凡是被神所喜欢的都是正确的？或是正确的未必被神所喜欢？

尤息德谟斯：您是说……

苏格拉底：您比我年轻又比我聪明，但可别聪明而反被聪明误，要知道我所提到的并非真的难以作答啊！我的意思正好和诗人斯泰席奴斯相反，他说："宙斯是造物主，你不能直呼其名，因为凡是有所惧怕才会有所敬重"我对这点真是不敢认同，您是否也想知道这两者的不同呢？

尤息德谟斯：当然想知道。

苏格拉底：只是有敬而必有惧，是因为人人都不愿意因为不敬而招致恶名罢了。

尤息德谟斯：恐怕正是如此吧！

苏格拉底：这么说，所谓"有惧必有敬"就是错误的了，倒不如说有了敬，才有了惧，比较恰当。但有惧却未必有敬，因为惧的含义很广，而敬只不过是其中一部分而已，就如同奇数是数的一种，而数字却包含奇数一样。我刚才问您的便是这种问题，因为"正"的意义比"敬"要广，而"敬"只不过是"正"范围内的一种罢了，您赞成这一点吗？

尤息德谟斯：我也赞成。

苏格拉底：希望您能比照这些例子，告诉我"敬"是属于

"正"里的那一种，我便能告诉米利特斯，说我已经从您这里得知什么是"敬"与"不敬"，希望他别再诬蔑我是"不敬"了。

尤息德谟斯：苏格拉底先生，我认为敬是正的一种，是指注意神的意思。就如同另一种是注意于人的意思。

苏格拉底：很好，但是您所谓"注意"又该怎么说呢？这"注意"二字对神和对其他事物可是绝不相同的！比如说，畜牧者必然会注意他的牲畜，这么一来，"注意"不就是专指让被注意者得到利益了吗？

尤息德谟斯：当然，绝不是在损害他们。

苏格拉底：果真如此的话，"敬"既是注意于神的方法，也就是有益于神、使神得到利益了？那么您做一件为神所好的"敬"事，神就因此而获益了吗？

尤息德谟斯：不是，不是！我不是这个意思！

苏格拉底：所以，我刚才才问您"注意"该如何解释。

尤息德谟斯：对！苏格拉底先生，我本来就不是这个意思！

苏格拉底：好！可是我还是要请问您，您所谓对神的注意是什么？也就是"敬"的性质究竟是什么呢？

尤息德谟斯：这就如同仆役对他的主人所表示的一般。

苏格拉底：哦！是对神的"服役"。

尤息德谟斯：的确如此。

苏格拉底：那么医术也是一种服役，它所要达到的目的不就是健康吗？

尤息德谟斯：是的。

苏格拉底：还有一种服役，像造船、造屋也是为了达到目的吗？

尤息德谟斯：是的。

苏格拉底：朋友！现在请您告诉我，服役于神是为了达到什么？您说您对宗教所知超过于众人，想必您一定能回答我这个问题吧！神借着我们服役之力，又是要成就什么美好事业呢？

尤息德谟斯：神能做的就多了。

苏格拉底
Sugeladi

苏格拉底：朋友！战将也好，农夫也好，他们主要的行为我们都很容易就能说出来，是不是？

尤息德谟斯：正如您所说。

苏格拉底：那么在神所做众多美好事业中主要的是什么？

尤息德谟斯：苏格拉底先生，我当然应该回答您这个问题，但如果要一一详细说明还真是难以说明呢！就以"敬"来说吧，敬就是以言语或行为来祈祷、献祭，以取悦众神。如此就能救国救家，不敬的人，神便不喜欢他，必将让他陷于毁灭的地步。

苏格拉底：您分明是不想教我呀！不然怎么又说到其他的东西上去了呢？既然发问者是要跟着被问者转移，我只好再问：什么是"敬"？您难道认为就是祈祷与献祭方式而已吗？

尤息德谟斯：我正是此意。

苏格拉底：这么看来献祭是为了施于神，而祈祷是为了求于神了？

尤息德谟斯：是的，苏格拉底先生。

苏格拉底：如此说来，"敬"便是施求之术了？

尤息德谟斯：对了！您了解我的意思了。

苏格拉底：是的，您所说的话我都在聆听。您现在告诉我对神的服务究竟是何性质？您是不是说我们因为有所求才送礼物给神？我们为此而求，真是有事情要求于神吗？这么说我们给神的也正是神所需要的，如果我们不能给神所需要的，就没有意义了是吗？

尤息德谟斯：所言极是。

苏格拉底：这样来说，"敬"便是神与人的交易了？

尤息德谟斯：这样解释也可以。

苏格拉底：除真理外，我对任何事情都不偏爱。但请问您，我们能给神什么利益呢？神却能给我们任何事物，这么一来，我们在与神的交易中所获利益不是太多了？

尤息德谟斯：我们给神的礼物只是表示一种荣誉，就像我刚才说的是取悦于神罢了。

苏格拉底

苏格拉底：那么"敬"就是取悦神而已，不是有益于神也不是因为神所喜好了。

尤息德谟斯：咳，这是什么话呀！神所好的莫过于此了。

苏格拉底：如此说来，便又重述前面所说的"敬者乃见好于神"了是吗？

尤息德谟斯：当然。

苏格拉底：您在解释的时候，就不为自己立场的不固定和动摇而惊奇吗？您别说我是狄德勒斯，岂知您自己才是更伟大的艺术家，您说的道理已经脱离了原来的立场又回到原地了！我们刚才所谈的，不是已经承认"敬"与神所爱有所不同了吗？但您所说的不又是神所爱的就是"敬"吗？这么说岂不就是神所喜好就是"敬"？

尤息德谟斯：是的。

苏格拉底：这样的话前面的结论就是错误的了，如果前面没错一定是后面有错。

尤息德谟斯：两个之中一定有一个是对的。

苏格拉底：这么一来我又要再问了：什么是"敬"？请别怪我百问不厌，我竭尽心力要求得到真理，而对这个问题，只有您能回答我，我一定要让您做一个完满的解释，即使您像波塞冬（海神，能随心所欲变化其形体，苏格拉底借此讥讽尤息德谟斯论点不定）一样的千变万化，我也要留住您。若不是您对"敬"与"不敬"了解透彻，又怎么敢在神前冒大不韪之罪，为一个仆役之死而控告自己的父亲呢？亲爱的尤息德谟斯龙先生，赶快告诉我，别再保密了！

尤息德谟斯：改天再说吧！苏格拉底先生，我有急事不得不走了。

苏格拉底：唉！朋友，我本来希望您能告诉我"敬"与"不敬"的性质，然后我就可以告诉米利特斯，关于神的事我已受到您的启发，不会再因为无知而擅作主张，我也因此能免受米利特斯的控告，从今以后过看到安静的生活。您竟让我希望落空了呀！

Sugelati 苏格拉底

苏格拉底年表

公元前 469 年　　苏格拉底出生于雅典的爱罗匹格区,父亲叫索福罗尼斯克斯,是一位雕刻家,母亲叫菲安娜蕾蒂,是一位助产师。

公元前 466 年　　在具有强烈民主思想的埃菲阿尔特斯的影响下,伯里克利成为雅典民主派的代表。

公元前 461 年　　埃菲阿尔特斯遭到暗杀,伯里克利逐渐成为雅典的民主派和国家政权的重要领导人。此后,伯里克利历任首席将军,成为雅典的实际统治者。执政以后的伯里克利正是沿着历史前进和发展的方向进行了卓有成效的政治改革,从而对古希腊乃至世界的发展产生了深远的影响。

公元前 458 年　　悲剧诗人埃斯库罗斯的《阿伽门农》上演,内容主要描写特洛伊战争中希腊军的统帅阿伽门农,并获奖。11 岁苏格拉底观看了这出悲剧。

公元前 492 年—　　波希战争结束,那时苏格拉底 20 岁。苏格拉
公元前 449　　　底虽然没有直接参加波希战争,但是他也接受了战争的洗礼,奠定了雅典在他心中的崇高位置。青年时期的苏格拉底所接触的宇宙学说,东西方是各自发展成为不同体系,相互间是矛盾对立的,即东方的宇宙观是一元论,而西方的则是二元论或多元论。开始研究阿那克萨哥拉斯的著作,但是后来的研

究让它很失望。在此期间,苏格拉底可能迎来了自己的第一次婚姻。

公元前 441 年　苏格拉底同老师阿耳刻劳斯参加赴萨摩斯岛的远征,第二年返回雅典。苏格拉底所参加的远征目的是进行军事封锁,因为那里发生了叛乱。

公元前 431 年　伯罗奔尼撒战争正式爆发。

公元前 431 年　苏格拉底参加导致伯罗奔尼撒大战爆发的波提狄亚战役,与他同时参战的还有青年军人阿尔喀比亚德。并在阿尔喀比亚德受伤后,被苏格拉底平安救出,事后,苏格拉底拒绝了上面的奖赏。

公元前 429 年　伯利克利在这一年的 12 月因感染瘟疫逝世。

公元前 424 年　苏格拉底参加德立安战役。雅典的军队在这里与彼奥提亚人作战,双方各派出大约 7000 名重装甲兵,先后进行了两次战斗。彼奥提亚人得到其他城邦的援助,最后利用火攻,雅典被打败。雅典主将阵亡,溃败的军队取海道逃回。苏格拉底表现得十分冷静果敢。

公元前 423 年　阿里斯多芬所写的喜剧《云》上演,这部喜剧极大地讽刺苏格拉底。

公元前 422 年　47 岁的苏格拉底参加色雷斯的安菲波利之战。

公元前 419 年　苏格拉底迎来第二次婚姻,妻子名字是克桑蒂贝。公元前 413 年苏格拉底的学生阿尔喀比亚德因为神庙事件背叛雅典,并协助斯巴达人打败雅典人。

公元前 406 年　苏格拉底出任公职。公元前 406 年夏,雅典的军队在莱斯波斯岛与阿基纽西群岛间的海面上大胜斯巴达军队,但是,却牺牲了 25 艘战舰和 4000 名士兵。后来,由 500 人评议会所选出的 50 个委员,对这次战争的指挥官进行审判,苏格拉底是委员中的一名。苏格拉底是这场判决中唯一投反对票的委员。

苏格拉底
Sugeladi

公元前 404 年　在伯罗奔尼撒战争中,雅典战败。在斯巴达将军赖山德的命令下,雅典的民主政体被解体,产生了一个"30 人委员会"实施独裁制,而苏格拉底依旧坚持他的理想,不因局势改变而变节。这一年,给苏格拉底被戴上"培养叛逆者的人"的帽子,随后当局规定,禁止他与青年人讲话。

公元前 403 年　苏格拉底 67 岁,柏拉图 25 岁时,雅典的民主政治再次登上雅典的政治舞台。

公元前 399 年　苏格拉底被墨勒托斯、安倪托斯、吕孔以不承认国家所规定的众神,引入其他的神(宗教行为),并且蛊惑青年犯罪罪名控诉,并要求对苏格拉底判处死刑。苏格拉底最后被判处死刑,服毒自杀。